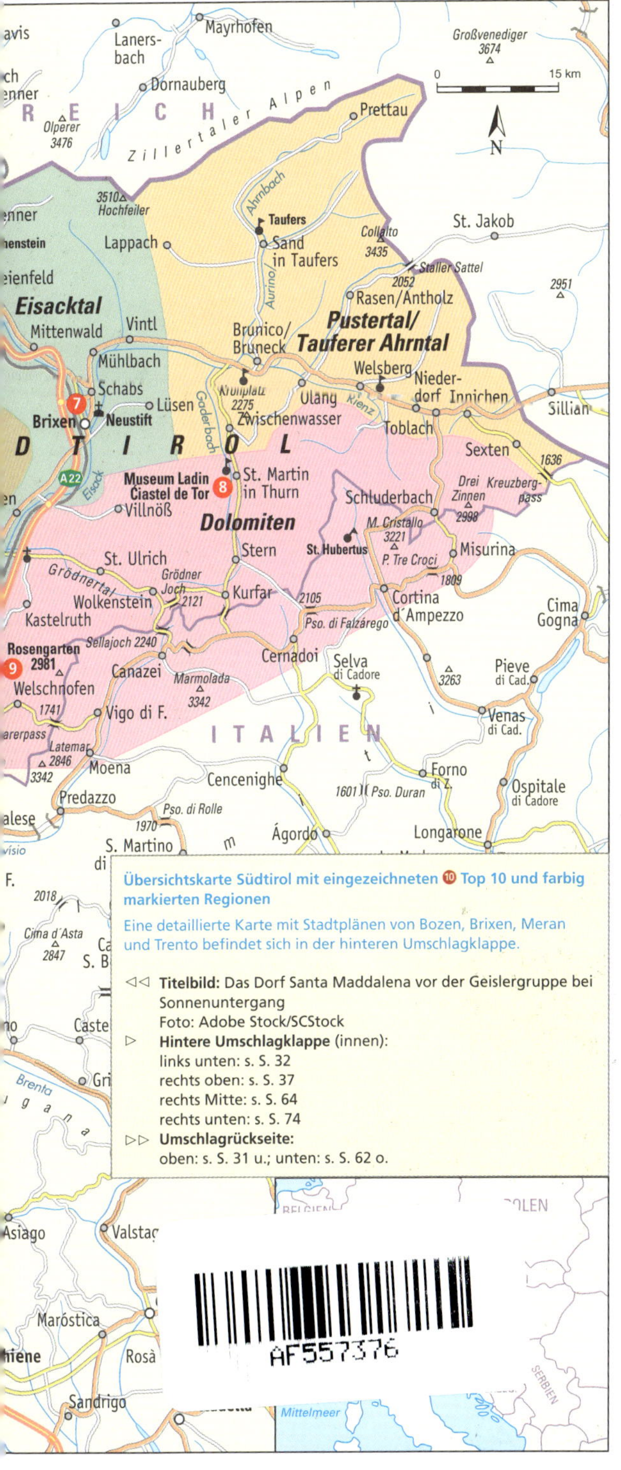

Übersichtskarte Südtirol mit eingezeichneten ⑩ Top 10 und farbig markierten Regionen

Eine detaillierte Karte mit Stadtplänen von Bozen, Brixen, Meran und Trento befindet sich in der hinteren Umschlagklappe.

◁◁ **Titelbild:** Das Dorf Santa Maddalena vor der Geislergruppe bei Sonnenuntergang
Foto: Adobe Stock/SCStock

▷ **Hintere Umschlagklappe** (innen):
links unten: s. S. 32
rechts oben: s. S. 37
rechts Mitte: s. S. 64
rechts unten: s. S. 74

▷▷ **Umschlagrückseite:**
oben: s. S. 31 u.; unten: s. S. 62 o.

Franzensfeste
Fortezza
Entdecke die Franzensfeste!
Als unüberwindbare Talsperre vor 200 Jahren geplant, als Festung so groß wie ein Dorf erbaut und heute Ausstellungsort für Kunst, Architektur und Kulturgeschichte.
Festung Franzensfeste
Brennerstraße, I-39045 Franzenfeste
T +39 0472 057218
www.franzensfeste.info

SÜDTIROL

DIE AUTOREN

Die Journalisten **Manuela Blisse** und **Uwe Lehmann** leben und arbeiten in Berlin. Gemeinsam haben sie ihre Hobbys zum Beruf gemacht und schreiben in ihrem Redaktionsbüro über die schönen Dinge des Lebens. Neben Reisebüchern und Artikeln über Australien, Berlin, Griechenland, Südtirol, Südfrankreich oder die Ostsee widmen sie sich für Tageszeitungen und Fachzeitschriften vornehmlich den Themen Essen und Trinken, Hotels, Lifestyle und Mode.

www.vistapoint.de

Inhalt

Top 10 & Willkommen

Chronik

Stadttour Bozen/Bolzano mit Detailkarte

Vista Points – Sehenswertes

Service von A bis Z

Extras – Zusatzinformationen

Zeichenerklärung

Top 10
Das müssen Sie gesehen haben, siehe vorderer innerer Umschlag und hinterer innerer Umschlag.

Vista Point
Reiseregionen, Orte und Sehenswürdigkeiten

Symbole
Verwendete Symbole siehe hinterer innerer Umschlag.

Kartensymbol: Verweist auf das entsprechende Planquadrat der ausfaltbaren Karte bzw. der Detailpläne im Buch.

Willkommen in Südtirol

Wer von Norden über den Brenner nach Südtirol kommt, der spürt ihn bereits, den Hauch des Südens, und spätestens im lebhaften Bozen und im blühenden Meran ist man dort endgültig angelangt. Üppig wachsende Palmen, blühende Obstwiesen und ausladende Weinberge schaffen eine fast schon mediterran anmutende Atmosphäre. Doch Südtirol ist ein Land der reizvollen Gegensätze. Nur wenige Kilometer von der Blütenpracht entfernt, befindet man sich schon in den kargen Bergregionen des ewigen Eises. Rund 3600 Meter Höhenunterschied sind es von den Weindörfern im Süden bis zu Südtirols höchstem Berg, dem 3905 Meter hohen Ortler.

Neben der eindrucksvollen Landschaft macht auch die vielfältige Kultur Südtirol zu einem beliebten Reiseland. Von den Jägern und Sammlern vor über 4000 Jahren – davon zeugt die im Schnalstal gefundene Gletschermumie Ötzi – über die Römer bis zur über 600-jährigen österreichischen Herrschaft und der Angliederung des Landes an Italien hat die wechselvolle Geschichte ihre Spuren hinterlassen. Nicht zuletzt in den unzähligen Schlössern, Burgen, Herrenhäusern, Kirchen

und Klöstern, die zahlreiche Kunstschätze beherbergen. Viele einstige Herrschaftssitze sind gut erhalten und dienen auch als Museen und Hotels oder – wie die Bilderbuchburg Schloss Runkelstein bei Bozen – als Veranstaltungsort für Konzerte und Ausstellungen.

Kam der europäische Hochadel vor dem Ersten Weltkrieg hauptsächlich der Ruhe wegen nach Südtirol, so sind es heute zunehmend aktive Urlauber, die wegen der vielfältigen Freizeitmöglichkeiten in die Region reisen. Gerade in den Dolomiten hat der Alpinismus eine lange Tradition. Neben Bergwandern, Klettern oder Mountainbiking sind es vor allem die weitläufigen Skigebiete um Sella und Langkofel, die im Winter für hohe Übernachtungszahlen sorgen.

Und selbst für Nichtsportler hat Südtirol in den trüben Monaten mit dem typischen *Törggelen*, bei dem der neue Wein verkostet wird, etwas Besonderes zu bieten. Wie überhaupt alle Urlauber von der guten und meist noch recht preisgünstigen Südtiroler Küche mit Spezialitäten wie Schlutzkrapfen profitieren. Ebenso wie vom immer besser werdenden Südtiroler Wein, der sein einst nicht besonders glänzendes Image längst aufpoliert hat. Manch einer widmet den guten Tropfen zwischen Tramin und Brixen gar einen ganzen Urlaub.

Oktober am Lago d'Antorno mit der Cadini-Gruppe in den Sextener Dolomiten

Daten zur Geschichte der Region

Um 8000 v. Chr. Erste Siedlungsspuren. Nomadisierende Jäger streifen durch die Dolomiten.

800 v. Chr. Im Meraner Raum besteht eine Megalith-Kultur.

Um 400 v. Chr. Die im Alpenraum lebenden Völker werden von den Römern Räter genannt. Sie legen erste Burgen und Kultstätten an.

15 v. Chr.– 50 n. Chr. Die Römer dringen in das Gebiet des heutigen Südtirol vor und gliedern es in das Römische Reich ein.

36 v. Chr. Gründung von Trient *(Tridentum)* durch die Römer.

46 n. Chr. Die *Via Claudia Augusta*, die Verbindung von Ostiglia über Trient, Mais (bei Meran) und über den Reschenpass nach Augsburg, und eine Straße von Venedig über den Sextener Kreuzbergsattel, St. Lorenzen und Sterzing über den Brenner ins Inntal werden fertiggestellt.

6. Jh. Von Norden stoßen Bajuwaren, von Süden Langobarden nach Südtirol vor.

769 Der bayerische Herzog Tassilo III. gründet in Innichen das erste Kloster Tirols.

1248 Nach dem Aussterben der Grafen von Andechs und Eppan übernehmen die Grafen von Vinschgau, die sich nach ihrem Schloss Tirol oberhalb von Meran »Grafen von Tirol« nennen, die Herrschaft.

1363–1919 Gräfin Margarete Maultasch vermacht nach dem Tod von Mann und Sohn Tirol dem Habsburger Rudolf IV. Danach gehört Tirol über 500 Jahre zum Habsburger Reich.

Gräfin Margarete Maultasch von Tirol – literarisch verewigt in Lion Feuchtwangers Roman »Die häßliche Herzogin« (1923)

1420 Unter Herzog Friedrich IV. wird Innsbruck anstelle von Meran Hauptstadt Tirols.

1525/26 Es kommt zu Bauernaufständen, die blutig niedergeschlagen werden.

1655 Die Tiroler Linie der Habsburger stirbt aus. Das Land wird nun von Wien aus verwaltet.

1803 Die Fürstbistümer Trient und Brixen werden säkularisiert und fallen an Tirol.

1805 Österreich muss nach der Niederlage gegen Napoleon Tirol an Bayern abtreten.

1809 Erfolgloser Volksaufstand: Unter Führung von Andreas Hofer erheben sich die Tiroler gegen Bayern und Franzosen. Nach der Niederlage fällt Nordtirol an Bayern, der Süden und das Trentino an Italien. Andreas Hofer wird am 20.2.1810 erschossen.

1815 Nach Napoleons Niederlage erhält Österreich beim Wiener Kongress Süd-, Nordtirol und das Trentino zurück.

1915–18 Im Ersten Weltkrieg bekämpfen sich italienische »Alpini« und österreichische »Kaiserjäger« an der Dolomitenfront erbittert.

1919 Nach dem Ersten Weltkrieg erhält Italien im Friedensvertrag von Saint-Germain das Trentino und den südlichen, deutschsprachigen Teil Tirols vom Brennerpass bis Salurn.

1922 Unter Benito Mussolini beginnt in Südtirol eine zwangsweise Italienisierung.

1939 Mussolini und Hitler schließen ein Umsiedlungsabkommen. 75 000 Südtiroler wandern nach Deutschland aus.

1943 Nach dem Sturz Mussolinis erklärt Italien Deutschland den Krieg. Südtirol wird von deutschen Truppen besetzt.

Rudolf IV. ist der erste Habsburger mit dem Titel eines »Grafen von Tirol«

1945 Gründung der Südtiroler Volkspartei (SVP).

1946 Südtirol steht wieder unter italienischer Verwaltung. Den Südtirolern werden im Gruber-Degasperi-Abkommen (auch Pariser Abkommen) Autonomierechte versprochen, die jedoch größtenteils nicht eingehalten werden.

1948 Aus Südtirol und dem Trentino wird die Autonome Region Trentino-Südtirol (Trentino-Alto Adige) geschaffen. Die deutschsprachige Bevölkerung wird zur Minderheit. Es kommt zu Spannungen zwischen den beiden Volksgruppen.

1955 Südtiroler Massenprotest auf Schloss Sigmundskron in Bozen mit der Forderung »Los von Trient«.

1960 Die UNO-Vollversammlung fordert Italien und Österreich auf, ihren Streit über das Pariser Abkommen beizulegen.

1961–69 Der Widerstand gegen die Italienisierungspolitik zeigt sich nicht nur friedlich, sondern auch durch zahlreiche Sprengstoffanschläge. Beginn der Verhandlungen zum sogenann-

»Alpini«, italienische Gebirgsjäger im Ersten Weltkrieg, 1915 (Bibliothèque nationale de France)

Freiheitskämpfer und Landesheld der Tiroler: Andreas Hofer (1767–1810)

Andreas Hofer

Andreas Hofer, am 22. November 1767 am Sandhof bei St. Leonhard in Passeier geboren, wird von den Südtirolern als Held und Freiheitskämpfer verehrt. Er stellte sich 1809 an die Spitze eines bewaffneten Aufstands gegen die bayerischen Truppen, unter deren Herrschaft Tirol 1805 geraten war. Als Oberkommandierender führte er die Tiroler Schützen an und konnte mit ihnen in drei Schlachten die Franzosen schlagen und zog als Regent in die Innsbrucker Hofburg ein.

Langfristig konnte das Tiroler Aufgebot den besser ausgerüsteten und ausgebildeten bayrischen und französischen Truppen aber keinen entscheidenden Widerstand leisten. Im »Frieden von Schönbrunn« wurde Österreich dann zur Abtretung vieler Gebiete, darunter auch Tirol, verpflichtet. Die Tiroler fühlten sich durch diesen Friedensvertrag von Kaiser und Vaterland verraten und leisteten erneut Widerstand, der jedoch im November 1809 in der vierten Berg-Isel-Schlacht scheiterte. Andreas Hofer flüchtete auf eine Alm im Passeiertal. Gegen ein Kopfgeld verriet ihn ein Landsmann. Hofer wurde gefangen genommen, vors Kriegsgericht gestellt und am 20. Februar 1810 im oberitalienischen Mantua erschossen.

Der Tiroler Landsturm von 1809 endet mit einer Niederlage (Gemälde von Joseph Anton Koch, um 1820)

Ein Desmatosuchus aus dem Obertrias in der Abteilung »Geschichte der Lebensformen« im Museum für Wissenschaft MUSE in Trient (Architekt Renzo Piano)

ten »Südtirol-Paket«, mit knapper Mehrheit billigt die Südtiroler Volkspartei (SVP) das Abkommen. Deutsch wird zweite Amtssprache.

1972 Das neue Autonomiestatut tritt in Kraft; Landtage gibt es nun in Trient und Bozen.

1992 Die UNO-Botschafter Italiens und Österreichs übergeben dem Generalsekretär Boutros Ghali die »Streitbeilegungserklärung«. Damit gilt der Südtirol-Konflikt als gelöst.

2001 1100-jähriges Jubiläum der Bischofsstadt Brixen.

2008 In Bozen wird das Museion, der Neubau des Museums für moderne und zeitgenössische Kunst, eröffnet.

2009 Die Dolomiten werden aufgrund ihrer einzigartigen Entstehungsgeschichte in die UNESCO-Weltnaturerbeliste aufgenommen: Vor 250 Millionen Jahren bildeten sie ein riesiges Korallenriff im Urmeer Tethys.

2011 Die Landesregierung Südtirols beschließt einen Klimaplan, der die Region bis 2050 zum energieeffizienten »Klimaland« machen soll.

2013 In Trient eröffnet das Museum für Wissenschaften MUSE.

2015 Auf dem Gipfel des Kronplatzes eröffnet Bergsteiger Reinhold Messner das letzte seiner sechs Bergmuseen.

2016 Die Fußballeuropameisterschaft der nationalen Minderheiten (Europeada) wird erstmalig in Südtirol ausgetragen.

2018 Unter dem Motto: »MeranoSmart, eine inklusive und digitale Stadt« soll Meran fortschrittlicher, innovativer und leistungsfähiger werden, aber zugleich auch grüner, sozialer und inklusiver – und insgesamt an Lebensqualität gewinnen.

2020 Vor Ausbruch der Corona-Pandemie finden im Antholzer Tal im Februar die Biathlon-Weltmeisterschaften statt.

2022/23 In Südtirol sind das Vinschgau und das mittlere Eisacktal die am stärksten von Trockenheit betroffenen Gebiete. Neben der Dürre sind auch die – ganz besonders in Trentino-Südtirol – sinkenden Schneefallmengen mitverantwortlich. Ein Folgeproblem: Wenn dann starke Regenfälle einsetzen, kann der Boden das Wasser nicht aufnehmen, weshalb die Gefahr von Felsstürzen steigt. ■

Ein Rundgang durch Südtirols Hauptstadt

Vormittag
Waltherplatz – Dom – Dominikanerkirche – Lauben – Rathaus – Südtiroler Archäologiemuseum – Siegesdenkmal – optional: Schloss Runkelstein

Mittag
Pause im Café Gelateria Avalon (vgl. S. 18).

Nachmittag
Neustadt – Gries – EURAC – Museion – Waltherplatz.

Bozen ➡ G/H8/9, das Tor zu den Dolomiten, blickt auf eine lange wechselvolle Geschichte zurück. Die heutige Hauptstadt Südtirols (ca. 107 000 Einwohner) hat ihren Ursprung in der Zeit der Römer, die an der Eisack eine Militärstation gründeten und eine Brücke über den Fluss bauten. Bis zum Mittelalter entwickelte sich der am wichtigsten Alpenübergang gelegene, unbedeutende Marktflecken zu einer reichen Handelsstadt. Die prächtigen Kaufmannshäuser in den ❶ **Lauben** ➡ aB2/3, heute Bozens Shoppingmeile, und der barocke **Merkantilpalast** (Merkantilmuseum) ➡ aB3 aus dem 17. Jahrhundert lassen die damalige Bedeutung für den Handel zwischen Nord und Süd noch heute erahnen.

Nach dem Ersten Weltkrieg und der Angliederung Südtirols an Italien setzte vor allem unter dem faschistischen Diktator Benito Mussolini eine Italienisierung Bozens ein. Mussolini siedelte Industriebetriebe an, holte Arbeitskräfte aus ganz Italien und ließ jenseits der Talfer eine italienische »Neustadt« in einem monumentalen Stil erbauen. Den Eingang in die

Museion – Museum für moderne Kunst in Bozen

Der Waltherplatz in Bozen mit dem Denkmal für Südtirols beliebten Minnesänger Walther von der Vogelweide

Neustadt am Beginn der Freiheitsstraße markiert das **Siegesdenkmal** ➡ aB1, ein monumentaler Triumphbogen.

Bis heute ist ein gewisses Nebeneinander der Kulturen geblieben – in der Neustadt hört man überwiegend italienische Töne, während in der Altstadt vornehmlich deutsch gesprochen wird. Doch das Miteinander überwiegt mittlerweile eindeutig, wie man z. B. an der neuen, dreisprachigen Universität und dem umfangreichen Kulturangebot der Stadt sieht, das auch beim Programm im **Neuen Stadttheater** ➡ aC2 Elemente beider Kulturen vereint. Eine optische Verbindung zwischen den beiden Stadtteilen soll der kubische Neubau des **Museion** ➡ aB2 schaffen, des Museums für moderne und zeitgenössische Kunst.

Zentrale Piazza der Altstadt ist der **Waltherplatz** ➡ aB3, idealer Ausgangspunkt für einen Stadtspaziergang durch Alt- und Neustadt der

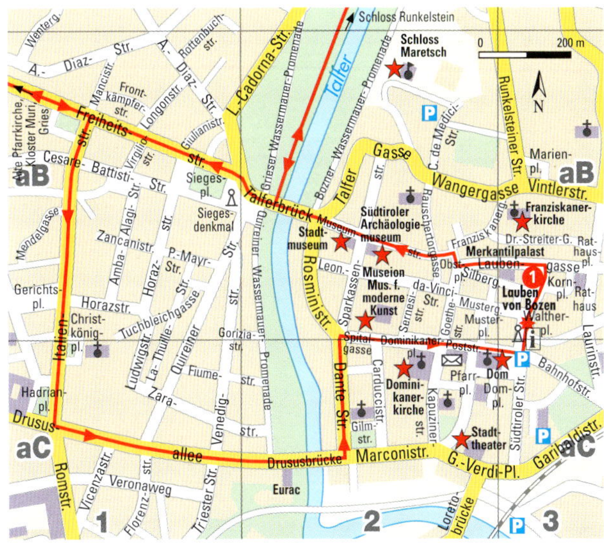

Dolomiten-Metropole. Hier sind Stimmung, Licht und Atmosphäre des Südens deutlich spürbar. Benannt ist Bozens »gute Stube« nach dem Minnesänger Walther von der Vogelweide, an den ein Standbild aus weißem Laaser Marmor (vgl. Vinschgau) erinnert. Im Sommer bevölkern Einheimische wie Touristen gleichermaßen die zahlreichen Freiluftplätze der Cafés und Restaurants, beginnen oder beenden hier ihren Bummel durch die malerischen Gassen oder starten zum Kultur-Sightseeing.

Am südwestlichen Ende des Platzes steht der aus rotem Sandstein erbaute gotische **Dom Maria Himmelfahrt** ➡ aC2/3, von den Boznern nur liebevoll »Pfarrkirche« genannt, dessen 62 Meter hoher, spätgotischer Turm – zu seinen Füßen befindet sich das Schatzmuseum mit dem Domschatz – eines der Wahrzeichen der Stadt ist. Viel bewundert wird die prunkvolle, um 1507 von Hans Lutz von Schussenried geschaffene Kanzel. Nur 100 Meter entfernt am Dominikanerplatz zählt die **Dominikanerkirche** ➡ aC2 (um 1270) mit dem angrenzenden **Kreuzgang** zu den ersten gotischen Bauten Tirols. Besonders sehenswert sind die Fresken in der Johanneskapelle.

Am lebendigsten zeigt sich Bozen nur wenige Schritte vom Waltherplatz entfernt in den malerischen Gassen. Straßen wie die Mustergasse mit ihren Palästen aus der Renaissance zeugen noch heute vom Reichtum der Kaufmannsfamilien. Vom Waltherplatz aus erreicht man durch die kleine Fußgängerzone an der nordöstlichen Platzecke nach einigen Metern den Kornplatz und von dort mit wenigen Schritten das Herzstück der Altstadt, die ❶ **Lauben** ➡ aB2/3 mit ihren Arkaden, mittelalterlichen Fassaden und eleganten Geschäften.

Bozens gotischer Dom Maria Himmelfahrt

Zwischen dem von alten, schmucken Gebäuden umgebenen **Rathausplatz** ➡ aB3 und dem Obstplatz ➡ aB2 herrscht fast immer Betrieb. Zum Obstplatz biegen wir links ein in die Lauben – wer mag, bummelt jedoch zuerst nach rechts das kurze Stück zum Rathausplatz, bevor er umkehrt und den Lauben in entgegengesetzter Richtung bis zum Obstplatz folgt. Der **Obstmarkt** auf dem Obstplatz verströmt mit seinen üppig-bunt bestuckten Marktständen ein heiteres, mediterranes Flair. In den belebten Lokalen am Platz und in den umliegenden kleinen Sträßchen trifft sich abends die jüngere Szene Bozens zum Essen oder auf einen Plausch.

Freskengeschmückt: die Nordwand der Johanneskapelle in der Dominikanerkirche in Bozen

Hinter dem Obstplatz gehen die Lauben in die Museumsstraße über, die bis zur Talferbrücke führt, dem Übergang in die Neustadt, und der man bis dorthin folgt. Am Ende der Museumsstraße zeigt in der Saison die Warteschlange schon von Weitem den Standort des **Südtiroler Archäologiemuseums** ➡ aB2, ein Muss für Fans von Ötzi, dem Mann aus dem Eis. Gegenüber liegt das **Stadtmuseum** ➡ aB2, das die umfangreichste kunst- und kulturgeschichtliche Sammlung ihrer Art in Südtirol birgt. Auf der gegenüberliegenden Flussseite markiert der Siegesplatz mit dem Siegesdenkmal den zentralen Ausgangspunkt der Stadterweiterung während der faschistischen Herrschaft in den 1930er Jahren.

Schon einmal an der Talfer hat man zwei Möglichkeiten, seinen Spaziergang fortzusetzen. Wer Zeit hat, erreicht über die Talferpromenade ca. drei Kilometer in nördlicher Richtung Bozens vielleicht schönste Burg, **Schloss Runkelstein** ➡ nördl. aA3, bequem zu Fuß (oder mit Bus 12). Die Burg erhebt sich auf einem Felsen am Eingang zum Sarntal und ist bekannt für ihren Freskenzyklus, der von alten Rittersagen erzählt, und als Veranstaltungsort der Runkelsteiner Klangfeste im stimmungsvollen Burghof. Danach kehrt man auf gleichem Weg zum Siegesplatz zurück und setzt den Stadtrundgang von dort fort.

Üppig-bunt bestückte Obststände in Bozen

Durchquert man vom Siegesplatz aus die neuen Stadtteile (1 km) über die **Freiheitsstraße** ➡ aB1, kommt man nach **Gries**, einem altehrwürdigen Luftkur-

Schloss Runkelstein am Eingang zum Sarntal

ort, der 1925 nach Bozen eingemeindet wurde. Das mächtige **Kloster Muri-Gries** ➡ westl. aB1 am Grieser Platz geht auf das 12. Jahrhundert zurück. 1845 übernahmen Schweizer Benediktiner aus Muri das Kloster von den Augustinern.

Ein Besichtigungs-Highlight ist die üppig ausgestattete Stiftskirche. Berühmt sind aber auch die Weine des Stifts. Nicht weit vom Grieser Platz liegt die sehenswerte **Alte Grieser Pfarrkirche** ➡ westl. aA1 mit einem weithin berühmten Flügelaltar (1471–74) von Michael Pacher, einem Kleinod gotischer Schnitzkunst. Über die Italienallee und die Drususallee kann man zum Bozener Zentrum zurückkehren. Kurz bevor man an der Drususbrücke wieder auf die Talfer trifft, ist die **EURAC** (Europäische Akademie) ➡ aC2, an der Wissenschaftler aus ganz Europa arbeiten, ein architektonischer Hingucker.

Nach der Brücke biegt man links ein in die Dantestraße und folgt ihr bis zum Museion. Geht man von dort nach rechts, gelangt man vorbei an der Piazza Domenicani über die Via della Posta wieder zurück zum Waltherplatz.

Ausflugsziele

Wer wissen möchte, wo die Sommerfrische erfunden wurde, fährt mit der Seilbahn oder dem Auto hinauf auf den **Ritten** ➡ G9. Schon im 16. Jahrhundert bauten reiche Bozner Patrizier auf der Hochfläche ihre Sommerresidenzen und verbrachten dort die Zeit mit Nichtstun und Feiern. In der Nähe des Bahnhofs startet die Rittner Seilbahn nach Oberbozen. Dort hat man Anschluss an eine Schmalspurbahn, die bis **Klobenstein** ➡ G9 fährt. Eine Besonderheit der Natur sind die **Rittner Erdpyramiden** ➡ G9, bizarre, aus eiszeitlichem Gletscherschutt herausgewachsene Säulen.

Am Bahnhof von Oberbozen beginnt ein rund zweistündiger Themenweg, der an den Oberbozner Erdpyramiden vorbeiführt. Auf das **Rittner Horn** ➡ F9 (2270 m), ein gemütliches Wander- und Skigebiet und beliebter Paragliding-Startplatz, führt ab Pemmern eine moderne Kabinenbahn.

Zwei weitere Seilbahnen bringen Ausflügler aus der Stadt hinauf nach **Jenesien** ➡ G8 bzw. **Kohlern** ➡ H8/9; die Seilbahnstrecke nach Kohlern ist übrigens die älteste der Welt. Eine schöne Tour führt von Bozen in das wildromantische **Sarntal** ➡ E–G8/9 und das davon abzweigende Durnholzer Tal mit alten Bauernhöfen und traditionsreichen Gasthäusern, an dessen Ende der idyllische Durnholzer See liegt.

»Mariä Verkündigung« in der Alten Grieser Pfarrkirche (Bozen)

Eine Besonderheit der Natur: die Rittner Erdpyramiden

Service-Informationen Bozen/Bolzano

Tourist Information ➡ aB3
Via Alto Adige 60
I-39100 Bozen
✆ 04 71 30 70 00
www.bolzano-bozen.it
Bei einem Aufenthalt in einem der Partnerbetriebe erhält man kostenlos die **Bolzano Bozen Card Plus**. Sie beinhaltet freien Eintritt in neun Bozener und 80 Südtiroler Museen, freie Fahrt mit allen öffentlichen Verkehrsmitteln des Südtiroler Verkehrsverbundes, eine geführte Wanderung in den Südtiroler Naturparks, einen geführten Stadtrundgang und vieles mehr.

2 **MMM Firmian/Schloss Sigmundskron** ➡ H8
Sigmundskronerstr. 53, Bozen
✆ 04 71 63 12 64, www.messner-mountain-museum.it
Das Herzstück unter Reinhold Messners Bergmuseen. Der Rundgang führt durch eine Wechselausstellung und sechs Türme, in denen Einblicke in die Entstehung und Eroberung der Berge gewährt werden. Dokumentiert wird auch die Geschichte der Burganlage, die bis ins Jahr 945 zurückreicht und von Bedeutung für die Südtiroler Freiheitsbewegung ist.

Museion – Museum für moderne und zeitgenössiche Kunst ➡ aB2
Dantestr. 6, Bozen
✆ 04 71 22 34 13
www.museion.it
Interessante Ausstellungen moderner und zeitgenössischer Kunst. Seit 2008 residiert das auch architektonisch interessante Museum in einem Neubau.

Naturmuseum Südtirol ➡ aB3
Bindergasse 1, Bozen
✆ 04 71 41 29 64
www.natura.museum/de
Erlebnisausstellungen über den Lebensraum und die Erdgeschichte Südtirols.

Südtiroler Archäologiemuseum ➡ aB2
Museumstr. 43, Bozen
✆ 04 71 32 01 00, www.iceman.it
Hier wartet der mumifizierte Ötzi auf Besucher, die häufig länger Schlange stehen müssen.

Alte Grieser Pfarrkirche ➡ H8
M.-Knoller-Straße, Bozen
Die Kirche birgt mit dem Flügelaltar von Michael Pacher und dem romanischen Holzkruzifix aus dem 13. Jh. zwei besondere Kunstschätze.

Dom Maria Himmelfahrt ➡ aC2/3
Pfarrplatz 27, Bozen
Im Schatzmuseum befindet sich eine der reichhaltigsten Sammlungen sakraler Gegenstände aus dem Mittelalter und dem Barock im Tiroler Raum.

Franziskanerkirche ➡ aB3
Franziskanergasse, Bozen
Kirche und Kreuzgang gehen auf den Anfang des 14. Jh. zurück. In der Kirche gotischer Flügelaltar (1500) von Hans Klocker, im Kreuzgang wertvolle Fresken.

Schloss Maretsch ➡ aB2
Claudia-de-Medici-Str. 12, Bozen
✆ 04 71 97 66 15
www.mareccio.info
Von Weinbergen umgebenes Schloss, in dem Tagungen, Konzerte und Ausstellungen stattfinden. Besichtigung auf Anfrage.

Schloss Runkelstein
➡ nördl. aA2
Kaiser-Franz-Josef Weg, Bozen

Reinhold Messner

Der am 17. September 1944 in Brixen geborene Reinhold Messner ist wohl der bekannteste Südtiroler und einer der berühmtesten Bergsteiger überhaupt. Bereits als Fünfjähriger bestieg er mit seinem Vater seinen ersten Dreitausender. Nach seinem Technik-Studium in Padua arbeitete er kurze Zeit als Mittelschullehrer, ehe er sich ganz dem Bergsteigen verschrieb. Als erster Mensch hat er zusammen mit Peter Habeler 1978 den Mount Everest ohne künstlichen Sauerstoff bestiegen. Zudem bezwang er als erster alle 14 Achttausender der Erde und bestieg ebenfalls als erster einen Achttausender im Alleingang. Weiterhin durchquerte er zu Fuß die Antarktis, Grönland der Länge nach, Tibet und die Wüste Gobi.

Die größte Tragödie in Messners Leben war der Verlust seines Bruders Günther bei einer Nanga-Parbat-Expedition im Jahr 1970, um die sich zahlreiche Gerüchte bildeten. Die Leiche des Bruders wurde 2005 am Berg gefunden.

Über seine Unternehmungen verfasste er fast 50 Bücher und hält weltweit Vorträge. Messner engagiert sich immer wieder für den Umweltschutz und saß für die italienischen Grünen im Europa-Parlament. Er prangert die Folgen des Massentourismus in den Alpen, aber auch im Himalaja an. Nach der Mount-Everest-Tragödie im April 2014 mit 13 toten Sherpas nach einem Lawinenabgang forderte Reinhold Messner ein Ende des Massenklettertourismus am höchsten Berg der Erde. Das 2 **Messner Mountain Museum (MMM)**, das neben dem 2006 eröffneten zentralen Areal auf Schloss Sigmundskron inzwischen fünf Zweigstellen besitzt, ist sein größtes Projekt. Im Sommer 2015 eröffnete Messner auf dem Gipfel des Kronplatzes das sechste und letzte seiner Bergmuseen.

Der Bersteiger wohnt in Meran und zeitweise auf seinem Schloss Juval, das ebenfalls Teil des MMM ist, am Eingang zum Schnalstal. Er ist zum zweiten Mal verheiratet und Vater von vier Kindern. Im Januar 2014 verkündete Messner in einem Interview der Berliner Zeitung, er werde noch einmal ein neues Leben beginnen. »Da ich jetzt 70 werde, wird es vielleicht mein letztes Leben sein«, so die Bergsteigerlegende.

Das Herzstück von Reinhold Messners Bergmuseen: Schloss Sigmundskron bei Bozen

Fresko (um 1320) aus der Giotto-Schule in der Franziskanerkirche

✆ 04 71 32 98 08
www.runkelstein.info
Die schöne Burganlage, erbaut ab 1237, ist bekannt für den größten profanen Freskenzyklus der Welt. Mittelalterliche Bildergeschichten erzählen vom damaligen Alltag.

Stadttheater Bozen ➡ aC2
Verdiplatz 40, Bozen
✆ 04 71 30 41 11
Tickets ✆ 04 71 05 38 00
www.fondazioneteatro.bolzano.it
Auch architektonisch interessantes Haus mit deutsch- und italienischsprachigem Sprechtheater, Ballett, Oper, Operette, Musical.

Restaurant Laurin ➡ aB3
Im Parkhotel Laurin, Laurinstr. 4 Bozen
✆ 04 71 31 10 00, www.laurin.it
Moderne italienische Küche im ersten Haus am Platz. Im Sommer wird auch im traumhaften Park serviert. Freitagabends regelmäßig Live-Jazz in der Bar Laurin. €€€

Haselburg, Restaurant & Kulturburg ➡ südl. aD2
Kuepachweg 48, Bozen
✆ 04 71 40 21 30
www.haselburg.it
Sehr schön restaurierte Burgruine mit Restaurant und Weinkeller. €€–€€€

Nadamas ➡ aB2
Piazza Delle Erbe 43/44, Bozen
✆ 04 71 98 06 84
www.nadamasristorante.it
Immer gut gefüllter In-Treff. Solides Essen, schöne Atmosphäre. €€

Forsterbräu Central ➡ aB2
Goethestr. 6, Bozen
✆ 04 71 97 72 43
www.forst.it/de/brauereien
Gute mediterrane und Südtiroler Küche. €–€€

Pizzeria/Trattoria Nussbaumer ➡ aB3
Bindergasse 11, Bozen
✆ 04 71 05 33 66, nussbaumer.bz
Gelungene Symbiose aus Pizzeria, Restaurant, Steakhaus und Vinothek. €€–€€€

Gelateria Avalon ➡ aB1
Freiheitstr. 44, Bozen
✆ 04 71 26 04 34
Zählt unter Insidern zu den fünf besten Eisdielen Italiens.

Fischbänke Winegarden ➡ aB3
Dr.-Streiter-Gasse 28, Bozen
An den Marmorbänken, an denen früher Fisch verkauft wurde, trinkt heute die Bozener Szene in der »Freiluftstehbar« süffige Weine und isst leckere Bruschetta.

Von Weinbergen umgeben: Schloss Maretsch

Musiker beim Jazz Festival auf Schloss Runkelstein

Hopfen & Co. ➡ aB2
Obstplatz 17, Bozen
✆ 04 71 30 07 88
www.boznerbier.it
Angesagte Kneipe und Restaurant mit Hausbrauerei, deftigem Essen und Kulturprogramm. €

Lounge Exil ➡ aB3
Kornplatz 2 A, Bozen
✆ 04 71 97 18 14
Szene-Treff in der Altstadt.

Klosterkellerei Muri-Gries ➡ westl. aB1
Grieser Platz 21, Bozen
✆ 04 71 28 22 87
www.muri-gries.com
Spezialität ist der »Lagrein Kretzer«, ein Top-Roséwein.

Vinothek Enovit ➡ aB3
Dr.-Streiter-Gasse 30, Bozen
✆ 04 71 97 04 60, www.enovit.it
Am kreisrunden Tresen im stilvollen Gewölbe schmecken die Südtiroler Weine und man kann sie auch mitnehmen.

Palais – Moiré Fashion ➡ aB2
Obstplatz 9, Bozen
✆ 04 71 32 45 80
moirefashion.com
Extravagante Mode für Männer und Frauen in edlem Ambiente.

Thuniversum ➡ südl. aD1
Galvanistr. 29, Bozen
✆ 04 71 24 52 72
www.thun.com
Modernes Center der für ihre Figuren, Porzellan und Geschenkartikel bekannten Firma Thun. Mit Factory Outlet, Produktions-Schau, Panoptikum und Bistro.

Vinum ➡ östl. aB3
Brennerstr. 28, Bozen
✆ 04 71 06 16 30
www.vinum.it
Bekannte Weinhandlung mit sehr gutem Angebot.

Naturparkhäuser Bozen/Amt für Naturparke ➡ aB/aC3
Rittnerstr. 4, Bozen
✆ 04 71 41 77 70
naturparks.provinz.bz.it
Sieben Naturparkhäuser gibt es in Südtirol, u. a. in der Texelgruppe in Naturns oder auch in Schlern-Rosengarten in Tiers. Äußerst anschaulich mithilfe von Schaubildern, Wanderkarten, Tastboxen und Präparaten berichtet jedes einzelne über die Besonderheiten der typischen Flora und Fauna in der jeweiligen Region.

Feste in Bozen
Ende Juni bis Anfang Juli findet das Jazz Festival **Alto Adige** statt, gefolgt von dem hochkarätig besetzten Festival **Tanz Bozen** von Mitte bis Ende Juli. Von Ende Juli bis Anfang September treten internationale Größen und Nachwuchskünstler beim **Bolzano Festival Bozen** auf, dem Höhepunkt des klassischen Musiklebens. ■

Reiseregionen, Orte und Sehenswürdigkeiten

Vinschgau/Val Venosta

Im Westen Südtirols erstreckt sich der Vinschgau vom Dreiländereck Italien, Schweiz, Österreich am Reschenpass, wo die Etsch entspringt, bis fast nach Meran, von den Gletschern des Ortlers bis hinunter zu den Apfelgärten im Meraner Land. Dabei zeigt sich das Vinschgauer Tal äußerst vielseitig: Die 3000er und der Nationalpark Stilfser Joch locken die Bergabenteurer; familienfreundliche Skigebiete in ruhigen Hochtälern erwarten die Wintersportler; Klöster, Burgen und Glurns, die kleinste Stadt Südtirols mit ihrem mittelalterlichen Flair, bieten reichlich Kultur; bei einem Spaziergang auf jahrhundertealten Waalwegen genießt man die einzigartige Natur und in gemütlichen Gasthäusern die Südtiroler Schmankerl.

Latsch/Laces ➡ F4

Kommt man von Westen in das in Obstgärten eingebettete Latsch, fällt als erstes das Herrenhaus Mühlrain mit seiner rötlichen Fassade ins Auge. Doch weitaus bekannter als dieser Ansitz ist die gotische **Spitalkirche zum Hl. Geist** (Schlüssel im benachbarten Seniorenheim), denn der Flügelaltar (um 1520) von Jörg Lederer zählt zu den bedeutendsten Kunstwerken Südtirols; ebenfalls von großer kunsthistorischer Bedeutung sind die um 1600 entstandenen Fresken.

Doch Latsch ist auch ein besonders abwechslungsreiches Urlaubsziel für Naturliebhaber, Wanderer und Skifans. Letztere finden auf der **Tarscher Alm** familienfreundliche, schneesichere Pisten und urige Einkehrhüt-

Apfelplantage im Vinschgau

Freskenmalerei in der Kirche St. Benedikt in Mals

ten. Wanderer haben die Auswahl zwischen vielen schönen Wanderwegen. So spaziert es sich geruhsam von Latsch zum benachbarten **Kastelbell** ➡ F5, das seinen Namen von der über dem Tal thronenden **Burg Kastelbell** erhielt. Oder zum barocken **Schloss Goldrain** ➡ F4, das im Latscher Ortsteil **Goldrain** malerisch an einem Berghang liegt.

Viel unverfälschte, wildromantische Natur bietet das von vergletscherten Dreitausendern eingerahmte **Martelltal** ➡ G4, das bei Bergwanderern und Kletterern zwar kein Geheimtipp mehr, aber längst noch nicht überlaufen ist.

Tourist Information ➡ F4
Hauptplatz 14, I-39021 Latsch
✆ 04 73 62 31 09, www.vinschgau.net/de/latsch-martelltal.html

Bierkeller Latsch ➡ F4
Valtniedweg 2, Latsch
✆ 04 73 62 32 08
www.bierkeller-latsch.com
Zünftige Jausenstation mit heimischen Spezialitäten. €

Ausflugsziele:

St. Martin im Kofel ➡ F4
Ein landschaftlich reizvolles Ziel, 1734 m hoch gelegen (Seilbahn ab Latsch) mit der Wallfahrtskirche Zum heiligen Martin, die wahrscheinlich auf einem heidnischen Höhlenheiligtum errichtet wurde. Die jetzige Kirche stammt aus dem 16. Jh. Der kleine Ort ist ein guter Ausgangspunkt für Almwanderungen und ein bei Paraglidern geschätzter Startplatz.

Kuppelrain ➡ F4
Bahnhofstr. 16, Kuppelrain
✆ 04 73 62 41 03
www.kuppelrain.com
Schönes Restaurant mit Michelin-Stern, gut kalkulierten Weinen und herzlichem Service. Auch schöne Zimmer. €€€

Mals/Malles Venosta ➡ E2

Laut Eigenwerbung ist Mals der sonnigste Ort Südtirols und das lebhafte Zentrum des Obervinschgau. Das charakteristische Orts-

Geschützte Alpen-Küchenschelle

Highlight im Vinschgau: die Benediktinerabtei Marienberg

bild wird von fünf markanten Kirch- und Burgtürmen geprägt, darunter der 33 Meter hohe, runde Bergfried der Ruine der **Fröhlichsburg**. Gotisch ist der Turm der Pfarrkirche, gekrönt von einem achteckigen Helm, romanisch der Turm der Kirche **St. Benedikt** aus dem 8. Jahrhundert. Die karolingischen Freskenmalereien der Kirche, u.a. die einzigartige Darstellung eines fränkischen Grundherren, zählen neben St. Prokulus bei Naturns zu den ältesten Wandgemälden im deutschsprachigen Raum überhaupt.

Nur wenige Kilometer entfernt, oberhalb des idyllischen Dorfes **Burgeis**, liegt eine der Top-Sehenswürdigkeiten des Vinschgaus: die 900 Jahre alte, majestätische **Benediktinerabtei Marienberg**. Schon von Weitem fällt der Blick auf die schneeweiße, mächtige, hohe und mit Fenstern gespickte Fassade des festungsartigen Baus, der in 1344 Metern Höhe dem starken Vinschgerwind trotzt. Von Burgeis führt ein schöner Spaziergang vorbei an der Fürstenburg, einst Sitz der Bischöfe von Chur, hinauf zum Kloster. Sehenswert sind dort besonders die Krypta, die dreischiffige Stiftskirche und das Rundbogenportal. Über Jahrhunderte ist Marienberg das geistige und geistliche Zentrum des Vinschgaus gewesen.

Tourist Information ➡ E2
St. Benediktstr. 1, I-39024 Mals
✆ 04 73 83 11 90, www.vinschgau.net/de/obervinschgau.html

Benediktinerabtei Marienberg ➡ E2
Schlinig 1, Mals
✆ 04 73 84 39 80
www.marienberg.it
Die Schauräume und die Krypta bieten Einblicke in die Geschichte und das Klosterleben.

Calva ➡ E2
Laatsch 140, Mals
✆ 04 73 83 11 09
www.calva.it
Richtig gute Pizzen. €€

Ausflugsziel:

Eine reizvolle Tour führt von Mals auf die von *Waalen* (einst Bewässerungskanäle mit kleinen Pfaden, heute oft schöne Wanderwege) durchzogene **Malser Heide** ➡ E2, den größten Murenkegel der Alpen. Die Vingscher Bahn fährt von Meran nach Mals – eine besonders schöne Strecke.

Naturns/Naturno ➡ F5/6

Naturns ist nach Partschins, wo Peter Mitterhofer 1864 die erste Schreibmaschine erfand, von Osten kommend der zweite Ort im Vinschgau. Der Hauptort des Untervinschgaus ist bekannt für die kunsthistorisch bedeutende Kirche 3 **St. Prokulus**, die die ältesten Fresken (um 700) im deutschsprachigen Raum beherbergt. Im Rathaus ist eine archäologische Ausstellung zu sehen.

Tourist Information ➡ F5/6
Rathausstr. 1, I-39025 Naturns
✆ 04 73 66 60 77, www.merano-suedtirol.it/de/naturns.html

3 Prokulus Kirche und Museum ➡ F5/6
St. Prokulusstraße, Naturns
✆ 04 73 66 73 12
www.prokulus.org
Für ihre Fresken bekannte Kirche. Seit 2006 haben die archäologischen Funde aus der Kirche und vom Friedhof ein eigenes Museum.

Erlebnisbad Naturns ➡ F6
Feldweg 5, Naturns
✆ 04 73 66 80 36
www.erlebnisbad.it
Kombiniertes Frei- und Hallenbad mit Rutschen, Sauna.

Seilbahn Unterstell Naturns ➡ F5
Seilbahn Naturns GmbH
Sonnenberg 46, Naturns
✆ 04 73 66 84 18, www.unterstell.it
Die Seilbahn bringt ihre Gäste in wenigen Minuten von 550 auf 1300 Meter Höhe. Oben warten zahlreiche Wander- und Einkehrmöglichkeiten. Neben der Bergstation thront eine Aussichtsplattform.

Ausflugsziele:

Schnalstaler Gletscherbahn ➡ E4
www.schnalstal.com

Das kleine romanische Kirchlein St. Prokulus in Naturns beherbergt…

Am Talschluss in Kurzras führt die höchste Seilbahn (3212 m) Südtirols hinauf zum Gletscherskigebiet. Mit dem Ötzi-Express, einer Pistenraupe, können Nicht-Skifahrer in eine 50 m tiefe Eishöhle vordringen.

Schloss Juval ➡ F5
Naturns, Staben
Zu Fuß (1 Std.) oder per Shuttlebus ab Einfahrt Juval erreichbar
✆ 04 71 63 12 64, www.messner-mountain-museum.it
Bei Naturns zweigt das Schnalstal nach Nordwesten Richtung Ötztaler Alpen ab. Hoch über dem Eingang zum Schnalstal liegt das von Reinhold Messner vorbildlich

… die ältesten Fresken im deutschsprachigen Raum

Rekonstruktion der jungsteinzeitlichen Kleidung von Ötzi im ArcheoParc in Schnals

restaurierte Schloss Juval, in dem der Extrembergsteiger zeitweise selber wohnt, das aber auch der Öffentlichkeit zugänglich ist.

Highlights sind die Tibetika-Sammlung, die Bergbild-Galerie und Messners Maskensammlung aus fünf Kontinenten. Zum Schloss gehören auch noch Weingut, Biobauernhof und Buschenschank.

Schlosswirt Juval ➡ F5
Im Schloss Juval
Naturns, Staben
✆ 04 73 66 80 56
www.schlosswirtjuval.it
Feine Südtiroler Gerichte aus hofeigenen Produkten. €

④ **ArcheoParc** ➡ E4
Unser Frau 163, Schnals
✆ 04 73 67 60 20
www.archeoparc.it
Die mumifizierte Gletscherleiche Ötzi wurde im Jahr 1991 im Schnalstal in der Nähe des Tisenjochs gefunden. Daher eröffnete in »Unsere Frau« in Schnals der ArcheoParc. Südtirols erstes archäologisches Aktivmuseum widmet sich ganz dem Lebensraum des Mannes aus dem Eis. Vom Museumsgebäude und vom Freigelände aus ist der Berggrat, hinter dem sich die Ötzi-Fundstelle befindet, sichtbar.

Mit Ausrüstungsgegenständen des Mannes aus dem Eis, Filmen, Dioramen und einer 3-D-Multivisionsshow. Außerdem drei rekonstruierte jungsteinzeitliche Hütten.

Schreibmaschinenmuseum Peter Mitterhofer ➡ F6
Kirchplatz 10, Partschins
✆ 04 73 96 75 81, www.schreibmaschinenmuseum.com
Dem Erfinder der Schreibmaschine, dem Partschinser Peter Mitterhofer, gewidmetes Museum.

Reschen/Resia ➡ D2

Kurz vor der Höhe des Reschenpasses liegt der Grenzort zu Österreich, und er ist auch nur wenige Kilometer von der Grenze zum schweizerischen Unterengadin entfernt, dessen Einfluss man hier deutlich spürt. Vom Reschenpass zieht sich der Vinschgau über 70 Straßenkilometer und über tausend Höhenmeter hinunter bis Partschins. Der sieben Kilometer lange **Reschensee** ➡ D2 mit dem aus dem Wasser herausragenden Kirchturm des im Stausee versunkenen Dorfes **Graun** ist eines der bekanntesten Fotomotive Südtirols. Trotz der recht kühlen Wassertemperatur ist der See wegen seiner guten Windverhältnisse bei Seglern und Surfern beliebt.

Wie das benachbarte **St. Valentin auf der Haide** (Skigebiet Haider Alm) besitzt auch Reschen ein kleines, nicht überlaufenes, fast noch ursprüngliches Skigebiet in **Schöneben**.

Tourist Information Reschenpass ➡ D2
Hauptstraße 22, I-39027 Reschen
✆ 04 73 63 46 03 (St. Valentin)
✆ 04 73 63 31 01 (Reschen)
www.vinschgau.net/de/reschenpass.html

Vinschgau-Radwege
Rad-Enthusiasten können auf einem Radweg den gesamten Vinschgau ab Reschen bergab (bergauf für Profis) durchradeln. Man kann auch Teilstrecken mit der Bahn absolvieren: Die Regionalzüge der Vinschger Bahn nehmen Räder mit. Die Entfernung Reschen–Meran beträgt 90 km.

Schlanders/Silandro – Laas/Lasa ➡ F4 - F3

Schlanders, Hauptort und Einkaufszentrum des Tals, liegt inmitten der Obstgärten des Vinschgaus. Schon von Weitem ist das Wahrzeichen der Gemeinde, der Turm der **Pfarrkirche Maria Himmelfahrt**, sichtbar: mit 97 Metern der höchste Kirchturm Südtirols. Anziehungspunkt des Ortes ist aber vor allem die neu gestaltete Fußgängerzone, die Schlanders ein wenig städtisches Flair verleiht und zum Bummeln und Shoppen einlädt.

Laas ist für seinen edlen weißen Marmor bekannt, der bereits seit dem 15. Jahrhundert abgebaut wird. Die Lagerstätte ist eine von nur drei Vorkommen in ganz Europa. Im Ort gibt es eine Steinmetz- und Bildhauerschule und regelmäßig werden Bildhauersymposien veranstaltet. Im Sommer finden Veranstaltungen und Führungen rund um den Marmor statt. Zu sehen ist der edle weiße Stein beispielsweise in der Pfarrkirche, in der man die romanische Apsis rekonstruiert hat, sowie bei den Marmorsäulen an der Laaser Hauptstraße.

Tourist Information ➡ F4
Kapuzinerstraße 10
I-39028 Schlanders
✆ 04 73 73 01 55, www.vinschgau.net/de/schlanders-und-laas.html

Bio-Reiterhof Vill ➡ F4
Hauptstr. 27, Schlanders
✆ 04 73 62 12 67, www.vill.it
Ganzjähriger Reitbetrieb mit Reitschule, Wanderreiten und Kutschfahrten.

Reschensee: Kirchturm des versunkenen Dorfes Graun

Ausflugsziel:

Tschenglsburg ➡ F2
Laas-Tschengls
www.karlperfler.com
Nettes Kultur- und Dorfgasthaus in einer restaurierten Burg. €–€€

Schluderns/Sluderno ➡ F2

Mit der ab 1253 vom Churer Bischof erbauten **Churburg** besitzt Schluderns ein Kulturdenkmal ersten Ranges. Durch Erbschaft kam die Burg 1504 in den Besitz der Grafen von Trapp, die die Burganlage wohnlich umbauten und bis heute noch bewohnen. Daher ist das vielleicht schönste Schloss des Vinschgaus so gut erhalten. Legendär ist die Sammlung alter Ritterrüstungen, in denen die Vorfahren der heutigen Grafen in die Schlacht zogen. Kinder haben ihre helle Freude an dieser größten privaten, original erhaltenen Waffenkammer der Welt. Eine Besichtigung wert sind auf der Burg auch die Schlosskapelle und die mit Fresken geschmückten Arkaden.

Vintschger Museum ➡ F2
Meraner Str. 1, Schluderns
✆ 04 7361 55 90, www.vuseum.it
Ausstellungen über die Archäologie des Vinschgaus und das Bewässerungssystem der Waale. Führungen nach Ganglegg, einer prähistorischen Siedlung.

Churburg ➡ F2
Schluderns
✆ 04 73 61 52 41
www.churburg.com
In der schönen Burg begeistern die Ritterrüstungen.

Ausflugsziel:

5 **Glurns** ➡ F2
In Glurns scheint die Zeit stehen geblieben zu sein. Die kleinste Stadt Italiens (nur 888 Einwohner) ist ein architektonisches Juwel mit einer vollständig erhaltenen Ringmauer, drei wuchtigen Tortürmen, engen Gassen, schmucken Bürgerhäusern und malerischen Laubengängen. Alles wurde behutsam restauriert.

Tourist Information ➡ F2
Schludernser Torturm
I-39020 Glurns
✆ 04 73 83 10 97
www.glurns.eu

Sulden/Solda ➡ G2

Sulden liegt auf 1906 Metern mitten im **Nationalpark Stilfser Joch,** dem größten Nationalpark Italiens, am Fuße des **Ortlers** ➡ G/H2, mit 3905 Metern der höchste Berg der Ostalpen. Der renommierteste Ski- und Bergsteigerort des Vinschgau ist schon seit Jahrzehnten Anziehungspunkt für Bergtouristen aus aller Welt. Selbst Sommerskilauf ist hier von Ende Mai bis Ende September möglich.

Da die Berge – allein 14 Dreitausender – hier besonders hoch und besonders schön sind, ist der Ort eng mit der Bergsteiger-Legende Reinhold Messner verbunden. Er brachte u. a. eine kleine Herde tibetanischer Yaks nach Sulden. Das unterirdische Museum **MMM Ortles** in Sulden ist Teil seines umfangreichen Projekts **Messner Mountain Museums**, zu dem u. a. auch Schloss Sigmundskron in Bozen und Schloss Juval bei Naturns gehören.

Für Biker und Radler ist die Fahrt zum **Stilfser Joch** ➡ G2 ein besonderes Erlebnis. Bis zur Passhöhe in 2757 Metern sind 48 Kehren und 2000 Höhenmeter zu bezwingen. Jedes Jahr im Herbst wird die Straße gesperrt und steht dann ausschließlich den Tausenden Radfahrern offen – ein herrliches Sportspektakel (www.nationalpark-stelvio.it). Daneben ist das Stilfser Joch auch ein bei alpinen Ski- und Langläufern beliebtes Sommerskigebiet.

Heimisch im Nationalpark Stilfser Joch: pfeifende Murmeltiere

Tourist Information ➡ G2
Im Nationalpark Stilfser Joch
Hauptstr. 72, I-39029 Sulden
✆ 04 73 61 30 15
www.vinschgau.net/de/ortlergebiet.html

MMM Ortles ➡ G2
Am Ortseingang von Sulden
✆ 04 73 61 35 77, www.messner-mountain-museum.it

Sulden wird überragt von den Bergen der Ortlergruppe

Am Beginn des Dorfes werden unterirdisch auf einer Fläche von 300 m² die Themen Gletscher, Südpol, Nordpol, Schneemenschen und vor allem die großen Eisgebirge behandelt, wobei der Ortler symbolisch im Zentrum steht.

Messners Minimuseum **Alpine Curiosa** logiert im Flohhäuschen, einer ehemaligen Bergsteigerunterkunft, gezeigt werden Kuriositäten der Alpinistik (ganzjährig frei zugänglich).

Yak & Yeti ➡ G2
Forststr. 28, Sulden
✆ 348 240 85 78
yak-yeti-restaurant.business.site
Südtiroler und tibetanische Küche in einem restaurierten Bauernhof aus dem 16. Jh. €€

Hoteltipp:
Hotel Bella Vista ➡ G1/2
Trafoi Nr. 11, I-39029 Trafoi/Stilfs
Nationalpark Stilfser Joch
✆ 04 73 61 17 16
www.stelvio-hotels.com/hotel-bella-vista
Behutsam renoviertes Traditionshotel. Historisches wird im Bella Vista mit modernen Elementen kombiniert. Stube und Lounge mit offenen Kaminen zum Relaxen und großen Panoramafenstern zum Genießen der Landschaft. Auf den Tisch kommt Erlesenes aus Küche und Keller. Gastgeber: Familie der Skilegende Gustav Thöni.

Ausflugsziel:

aquaprad ➡ F2
Kreuzweg 4 C
Prad am Stilfser Joch
✆ 04 73 61 82 12
www.nationalpark-stelvio.it
Im Nationalparkhaus dreht sich alles ums Wasser. 35 heimische Fischarten leben in zwölf Aquarien. Highlight ist ein 15 m langes Bachaquarium.

Meran/Merano und Meraner Land

Das Meraner Becken am Fuß der dreitausend Meter hohen Texelgruppe mit dem gleichnamigen Naturpark ist bekannt für sein mildes Klima, seine vielfältige alpin-mediterrane Vegetation und seine zahlreichen Freizeitmöglichkeiten. Mittelpunkt der Region ist die traditionsreiche

Messners kleinstes Museum

Eingebettet zwischen Weinbergen: Schloss Tirol

Kur- und Kulturstadt Meran, die schon im 19. Jahrhundert als ein europäisches Top-Reiseziel galt – was man eindrucksvoll im Touriseum in Schloss Trauttmansdorff erleben kann. Doch Meran hat sich auch erfolgreich erneuert. Heute stehen in Südtirols zweitgrößtem Städtchen zeitgemäße Designhotels und eine moderne Therme neben mittelalterlichen Lauben und Gebäuden aus der Belle Époque.

Dorf Tirol/Tirolo ➡ E7

Das Meraner Umland ist unbestritten eine touristische Hochburg Südtirols. Viele Besucher zieht es in das zwischen Obstgärten und Weinbergen eingebettete, fast schon zu malerische **Dorf Tirol** mit dem **Schloss Tirol**, von dem das Land seinen Namen erhielt. Erbaut wurde es von den Grafen von Vinschgau vermutlich Mitte des 12. Jahrhunderts. Sie nannten sich dann auch nach ihrem neuen Stammschloss »Grafen von Tirol«.

Das Schloss wurde, nachdem es längere Zeit verfiel, sehr schön restauriert und beherbergt nun das **Südtiroler Landesmuseum für Kultur- und Landesgeschichte**.

Vom Dorf führt ein Weg durch das Knappenloch, einen 80 Meter langen Stollen, zum Schloss. Unterhalb des Schlosses liegt auf einem Hügel die im 20. Jahrhundert im Stil der Romantik wieder aufgebaute **Brunnenburg**, wo der US-amerikanische Schriftsteller Ezra Pound (1885–1972) seine letzten Lebensjahre verbrachte. Heute ist hier ein landwirtschaftliches Museum untergebracht.

Tourist Information ➡ E7
Haupstr. 31, I-39019 Dorf Tirol
✆ 04 73 92 33 14
www.merano-suedtirol.it/de/dorf-tirol.html

Südtiroler Landesmuseum für Kultur- und Landesgeschichte
➡ E7
Schloss Tirol, Schlossweg 24
Dorf Tirol
✆ 04 73 22 02 21
www.schlosstirol.it
Geschichte des Landes Tirol bis zur Gegenwart.

Museum Brunnenburg ➡ E7
Brunnenburg, Ezra Pound Str. 3
Dorf Tirol
✆ 339 180 30 86
www.brunnenburg.net/de
Landwirtschaftliches Museum in der Brunnenburg, das sich mit Ethnologie, Volkskunde und Volkskunst befasst und Arbeitsprozesse in der Landwirtschaft und im Handwerk zeigt.

Blick von Schloss Tirol auf Meran

Castel ➡ F7
Im Hotel Castel, Keschtngasse 18
Dorf Tirol
✆ 04 73 92 36 93, hotel-castel.com
Eines der höchstdekorierten Restaurants Südtirols mit fantastischem Weinkeller. €€€

Lana/Lana ➡ F7

Die traditionsreiche Apfelgemeinde südlich von Meran ist für eines der bedeutendsten Kulturdenkmäler Südtirols bekannt: Die 1492 eingeweihte **Pfarrkirche von Niederlana** mit dem Schnatterpeck-Altar zählt zu den schönsten Kirchen des Landes. Hans Schnatterpeck schuf den reich ausgestatteten, aufwendig vergoldeten, 14 Meter hohen und sieben Meter breiten spätgotischen Flügelaltar in den Jahren 1503–11. Er gilt als der größte Flügelaltar des gesamten Alpenraums.

Eines der schönsten Herrenhäuser rund um Meran, **Schloss Lebenberg** ➡ F7 liegt auf einem Moränenhügel oberhalb von Tscherns, es ist das Wahrzeichen des Ortes und von weit her sichtbar. Mit seinem malerischen Innenhof, der dreigeschossigen Kapelle aus dem 14. Jahrhundert, einem französischen Ziergarten, einem Rokoko-Spiegelsaal und den komplett eingerichteten Räumlichkeiten ist es sehr sehenswert und noch bewohnt – kann aber dennoch besichtigt werden.

Tourist Information ➡ F7
Andreas-Hofer-Str. 9/1
I-39011 Lana
✆ 04 73 56 17 70, www.merano-suedtirol.it/de/region-lana.html

Südtiroler Obstbaumuseum ➡ F7
Brandiswaalweg 4, Lana-Brandis
✆ 04 73 56 43 87
www.obstbaumuseum.it
Dokumentation zur geschichtlichen Entwicklung und heutigen Situation des Obstbaus.

Pfarrkirche Maria Himmelfahrt von Niederlana ➡ F7
Schnatterpeckstraße, Niederlana
Spätgotische Kirche mit berühmtem Flügelaltar.

Pfefferlechner ➡ F7
St. Martin Str. 4, Lana
✆ 04 73 56 25 21
www.pfefferlechner.it
Buschenschänke und Hausbrauerei im Herzen von Lana mit Blick

in den Kuhstall. Typische Tiroler Gerichte. Kleine Hausbrauerei und Brennerei. €–€€

Meran alpin ➡ F7
Meraner Str. 15, Lana
✆ 348 260 08 13
www.meranalpin.com
Kein Bürodienst, Kontakt per Mail oder telefonisch
Klettertage und Kletterwochen, auch Gletscher- und Hochtouren und Familienprogramm.

Ausflugziel:

Schloss Lebenberg ➡ F7
Lebenbergstr. 15, Tscherms
✆ 320 401 85 11
www.merano-suedtirol.it
Die gut erhaltene Burg bietet kunst- und geschichtsinteressierten Besuchern Schauräume aus verschiedenen Epochen.

Meran/Merano ➡ E/F6/7

Es waren das milde Klima und die üppige mediterrane Pflanzen- und Blütenpracht, die es Sisi angetan hatten. Mehrmals besuchte die österreichische Kaiserin deshalb Meran und machte lange Spaziergänge durch und um die aufstrebende Kurstadt, die über

Sisi-Denkmal in Meran – auf ihren Spuren kann man durch die Stadt spazieren

die Jahre viele Adlige, Dichter und Denker zur Erholung anzog. Wer heute Meran besucht, kann auf Sisis Spuren von der Kurpromenade im Stadtzentrum zu den oberhalb von Meran gelegenen 6 **Gärten von Trauttmansdorff** ➡ F7 wandeln. Der »Sisi-Weg« führt vorbei an dem vom Wiener-Hofburg-Architekten und Sezessionisten Friedrich Ohmann 1914 prachtvoll erweiterten, kuppelgekrönten **Kurhaus** ➡ bB3,

Sehenswerter Jugendstil: das Kurhaus Meran

Gartenlandschaften um das Schloss Trauttmansdorff

einem der sehenswertesten Jugendstilbauten Südtirols, und an einer Reihe von in Privatbesitz befindlichen Schlössern.

Inmitten der üppigen Trauttmansdorffer Gärten – Mitte der 1990er Jahre als botanischer Garten angelegt – thront das gleichnamige 6 **Schloss**, das Graf Trauttmansdorff 1850 aus mittelalterlichen Ruinen wieder errichten ließ und in dem später die Kaiserin zweimal zur Winterkur abstieg.

Der Adelssitz beherbergt ein Highlight Merans: das **Südtiroler Landesmuseum für Tourismus**. Hinter den Schlossmauern wird von zwei Jahrhunderten alpiner Tourismusgeschichte erzählt.

Das 39 000-Einwohner-Städtchen Meran besticht durch sein mediterranes Flair und die wunderbare Lage im üppig grünen Meraner Talkessel mit seinen auf Terrassen gebetteten Weinbergen und Obstgärten, Dörfern und Burgen. Entstanden ist Meran an der Stelle eines Stützpunkts an der römischen Militärstraße durch das Etschtal. Im Mittelalter, als die Grafen von Tirol im Schloss Tirol, ihrer Stammburg, saßen und regierten, trug die Gegend den hübschen Namen Burggrafenamt. Fürstin Margarethe, die letzte Herrscherin von Tirol und erbenlos, gab das Land an den Habsburger Rudolf IV. Kein guter Plan, begann damit doch der über 500 Jahre dauernde Dornröschenschlaf Merans, bis die Provinzstadt als Kurstadt wieder erwachte.

Um sich einen ersten Eindruck von Meran zu verschaffen, bietet sich der **Pulverturm** an. Von dem uralten Bergfried der ehemaligen Burg Ortenstein, der später auch als Pulverdepot verwendet wurde, hat man eine sehr schöne Sicht über die heute quicklebendige Stadt. Die Altstadt mit ihren mittelalterlichen Toren und den 400 Meter langen **Lauben** ➡ bB2/3, der Haupteinkaufsstraße, lädt zu einem kunsthistorischen Spaziergang ein. Hier finden sich u. a. die **Landesfürstliche Burg** ➡ bB3 aus dem 15. Jahrhundert, eine der am besten erhaltenen Burgen Südtirols mit sehenswerter gotischer Einrichtung, und das **Stadttheater** ➡ bB2. Dieses Architekturjuwel des frühen Jugendstil mit klassizistischen Elementen beherbergt eine kleine, wertvolle Bibliothek aller deutschsprachigen Theaterstücke, die von 1900 bis 1930 dort aufgeführt wurden.

Die alte **Spitalkirche zum Heiligen Geist** wurde im Jahr 1419

durch eine Überschwemmung der Passer leider völlig zerstört, aber in den folgenden Jahrzehnten wieder aufgebaut. Vor der schönen, rechteckigen **St.-Barbara-Kapelle** gilt es einen Moment innezuhalten, steht man dort doch vor dem Wahrzeichen Merans: dem 83 Meter hohen Turm der **Pfarrkirche St. Nikolaus** ➡ bB3 (13./14. Jh.).

Tourist Information ➡ bB3
Freiheitsstr. 45, I-39012 Meran
✆ 04 73 27 20 00
www.merano-suedtirol.it
Die Kurverwaltung bietet kunsthistorische Führungen in deutscher Sprache an.

Frauenmuseum im Klarissenkloster ➡ bB3
Meinhardstr. 2, Meran
✆ 04 73 23 12 16, www.museia.it
Das kleine Museum dokumentiert das Leben von Frauen seit Anfang des 19. Jh. anhand von Alltagsgegenständen, eleganten Kleidern und Schmuck vom Biedermeier bis heute. Auch Verleih.

Stadtmuseum Meran ➡ bA2
Palais Mamming, Pfarrplatz 6
Meran
✆ 04 73 27 00 38
www.palaismamming.it
In einem Barockpalais zeigt das Stadtmuseum Meran seine Sammlungen – von der Ur- und Frühgeschichte bis zur modernen Kunst.

6 Gärten und Schloss Trauttmansdorff/Botanischer Garten und Touriseum ➡ F7
St.-Valentinstr. 51 A
Meran
✆ 04 73 25 56 00, 04 73 25 56 55
www.trauttmansdorff.it
Wunderschöne, üppige Gärten umgeben den Adelssitz, in dem sich das sehenswerte Museum zur alpinen Tourismusgeschichte befindet.

Meraner Pferderennplatz
➡ bC/bD1/2
Gampenstr., Meran
✆ 04 73 44 62 22
ippodromomerano.it
Rennsaison: Mai–Okt.
Junge Reiter in Tracht eröffnen auf Haflingerpferden alljährlich am Ostermontag die Rennsaison auf der schönen und großen Pferderennbahn, nachdem sie bei einem farbenfrohen Folklore-Umzug durch die Altstadt getrabt sind. Höhepunkt der Saison auf

Weihnachtszeit am Thermenplatz in Meran

dem Untermaiser Pferde-Rennplatz ist der »Große Preis Meran« im September.

Therme Meran
➡ bB/bC2/3
Thermenplatz, Meran
✆ 04 73 25 20 00
www.thermemeran.it
Großzügige Therme mit rund 8000 m^2 Wellness-Spaß, u. a. versprechen 25 Pools und acht Saunen Badefreuden. Mit Medical Spa und Fitnesscenter.

Sissi ➡ bA3
Galileistr. 44, Meran
✆ 04 73 23 10 62
sissi.andreafenoglio.com
Kreatives Spitzenrestaurant mit Michelin-Stern. €€€

Bar Bistro 7 ➡ bB2
Lauben 232, Meran
✆ 04 73 21 06, sevenmeran.it
Angenehmes Restaurant und Bar mit lockerer Atmosphäre, im Angebot sind leckere Bistro-Küche und Cocktails. €–€€

Kellerei Meran Burggräfler
➡ F7
Kellereistr. 9, Marling
✆ 04 73 44 71 37
www.kellereimeran.it
Sehr gutes Weingut mit interessanten Tropfen. Im Südwesten von Meran locken in Marling Kellereiführung und Panorama-Önothek. In Meran selbst (Lauben 218) ist in einer restaurierten und modernisierten Sektkellerei die City.Vinothek entstanden.

Enoteca da Claudia ➡ bB3
Pfarrplatz 13, Meran
✆ 04 73 23 06 93
Gute Südtiroler Weine, Sekte und Schnäpse, außerdem kleine Önothek.

Meraner Musikleben
Meran ist auf dem besten Weg, Musikhauptstadt Südtirols zu werden. Fest im Kulturkalender verankert sind das **südtirol festival**, ein internationales Klassik- und Orchesterfestival im Kurhaus und andernorts in der Stadt (www.meranofestival.com, Mitte Aug. bis Sept.) sowie der internationale und experimentelle **Meranojazz** (www.meranojazz.it, im Sommer).

Bis ins Jahr 1886 reicht die Tradition des **Traubenfestes** zurück. Das Ende der Weinlese wird drei Tage lang mit Musik und kulinarischen Genüssen gefeiert. Höhepunkt ist der Festumzug am Sonntag (www.merano-suedtirol.it, 3. Wochenende im Okt.).

Hoteltipp:
Spa-Hotel Giardino Marling ➡ F7
Giardino Marling GmbH
St. Felixweg 18, I-39020 Marling
✆ 04 73 44 71 77
www.giardino-marling.com
Das 5-Sterne-Hotel schmiegt sich eng an die grünen Hänge des Dörfchens Marling und ist somit ein fabelhafter Rückzugsort für all jene, die mit Ruhe die Weite und Schönheit der alpinen Landschaft genießen wollen.

Ausflugsziele:

Knottnkino ➡ F7
Zwischen Hafling und Vöran liegt am Rotenstein-Kogl das sogenannte Knottnkino. Auf einem Felsplateau wurden im Freien bequeme Sessel installiert, von denen aus man einen fantastischen Blick über das Etschtal und bis zum Ortler hat.

Meran 2000 ➡ E8
www.meran2000.com
Das Wander- und Skigebiet auf einem Hochplateau vor den Toren Merans erreicht man auf einer gut ausgebauten Panoramastraße über das Haflinger Plateau, die Sonnenterrasse Merans. Der zwischen 1250 m und 1490 m

hoch gelegene, idyllische Ort **Hafling** ➡ F7 gilt als Heimat der weißblond bemähnten Haflinger Pferde.

Nach Meran 2000 führen auch die Ifinger Seilbahn, häufig als Bergbahn Meran 2000 bezeichnet, sowie die Umlaufbahn Falzeben.

Bergbahn Meran 2000 ➡ E8
✆ 04 73 23 48 21
www.meran2000.com
Die geräumige Kabinenseilbahn fährt ganzjährig von der Talstation Naif (665 m) mit großem Parkplatz bei Meran zur Bergstation Piffing (1900 m) mitten im Ski- und Wandergebiet.

Umlaufbahn Falzeben ➡ F8
Falzeben/Hafling
✆ 04 73 23 48 21
www.meran2000.com
Von Falzeben/Hafling aus führt die moderne Bergbahn zum Ski- und Wandergebiet Meran 2000.

Schenna/Scena ➡ E7

Bei den Übernachtungszahlen wird Dorf Tirol wohl nur noch von Schenna, fünf Kilometer nordöstlich von Meran, übertroffen. Hauptsehenswürdigkeit ist das **Schloss Schenna**. Erzherzog Johann von Österreich erwarb es 1844 als Familiensitz und baute es aus. Im Sommer finden im Innenhof kulturelle Veranstaltungen statt. In der Nähe ließ sich der Erzherzog ein **Mausoleum** im neogotischen Stil errichten.

Schenna liegt am Eingang des landschaftlich reizvollen **Passeiertals** ➡ C/D/E/7, das sich bis zum Timmelsjoch (2474 m) hinaufzieht. In **St. Leonhard in Passeier** ➡ D7 widmet sich das im Sandhof, dem Geburtshaus Andreas Hofers, untergebrachte **Museum Passeier** u. a. dem Leben des Tiroler Freiheitskämpfers sowie dem Leben der Bergbauern in früherer Zeit.

Weiter hinten im Tal – etwa zwei Stunden Wanderung auf gut begehbaren Wegen von der Timmelsjochstraße aus – kann man von Mitte Juni bis Mitte Oktober das Knappendorf St. Martin mit dem Erlebnisbergwerk des **Bergbaumuseums Schneeberg Passeier** ➡ C7 und den Schauraum besuchen. Vom Mittelalter bis Mitte der 1980er Jahre wurde rund um den Schneeberg Bergbau betrie-

Einer der meistbesuchten Touristenorte Südtirols: Schenna

ben unter anderem im höchstgelegenen (2000–2500 m) Bergwerk Europas. Abgebaut wurde vornehmlich Silber, später auch Blei und Kupfer.

Tourist Information ➡ E7
Erzherzog-Johann-Platz 1 D
I-39017 Schenna
✆ 04 73 94 56 69, www.merano-suedtirol.it/de/schenna.html

Schloss Schenna ➡ E7
Schlossweg 14, Schenna
✆ 04 73 94 56 30
www.schloss-schenna.com
Eines der bedeutendsten Schlösser Südtirols. Es werden u. a. Waffen und kunsthistorische Objekte der Tiroler Geschichte ausgestellt.

Ausflugsziele:

Museum Passeier ➡ D7
Passeier Str. 72
St. Leonhard
✆ 04 73 65 90 86
www.museum.passeier.it
Außer dem Andreas-Hofer-Bereich (Dauerausstellung) gibt es noch ein Volkskunde- und ein Freilichtmuseum. Viele interaktive Stationen mit Filmen, Musik etc.

Den »Keschtn« (Kastanien) ist im Eisacktal sogar ein Wanderweg gewidmet

Erlebnisbergwerk Schneeberg ➡ C7
Passeiertal
✆ 04 73 64 70 45
www.bergbaumuseum.it
Museumsbetrieb Mitte Juni–Mitte Okt., für Führungen ist eine Buchung erforderlich
Eintritt frei
Insgesamt mehr als 150 km Stollen und Schächte, heute noch teilweise begehbar, zeugen von der langjährigen Geschichte des Bergwerks, das in seiner Blütezeit im 15. Jh. bis zu 1000 Knappen beschäftigte. Mit 27 km Länge verfügte das Bergwerk Schneeberg über die längste Übertage-Förderanlage der Welt.

Halb- und ganztägige Stollenführungen, Stollenfahrten mit der Grubenbahn, Museum mit Schauraum, Schutzhütte mit Übernachtungsmöglichkeit. Außerdem drei mit Schautafeln bebilderte Erlebnispfade. Im Sommer fährt ein Wanderbus z. B. ab St. Leonhard zu den Ausgangspunkten der Wanderwege zum Bergwerk.

Eisacktal

Vom Brenner kommend, seit Jahrhunderten einer der wichtigsten Alpenübergänge, führt das Eisacktal den Reisenden nach Südtirol, in die Dolomiten und weiter nach Oberitalien. Der Eisack, Südtirols zweitlängster Fluss, gibt dem Tal mit seinen mittelalterlichen Städten wie Brixen und Sterzing, Burgen und Klöstern seinen Namen.

An den steilen Talhängen gedeihen Äpfel, Wein sowie Edelkastanien prächtig und nach wie vor frönt man im Eisacktal besonders dem traditionellen Brauch des Törggelen. Dabei laden in der »Genusslandschaft« gemütliche Buschenschänken zur Verkostung von neuem Wein und bäuerlichen Gerichten ein.

Der barocke Dom von Brixen

7 Brixen/Bressanone ➡ E11

Nicht eigentlich am Brenner, dem »Tor zum Süden«, sondern in Brixen (22 400 Einw.), wo sich am Zusammenfluss von Eisack und Rienz das Tal weitet, beginnt der Süden. Die beiden mächtigen Türme des Doms zeigen dem Besucher gleich, was Brixen über die Jahrhunderte prägte. Bis 1803 war das schmucke Städtchen geistliches Fürstentum, bis 1964 gar fast tausend Jahre Bischofssitz.

Der **Dom** ➡ cB2 erhielt in den Jahren 1745 bis 1955 sein heutiges Aussehen, nachdem mehrere Vorgängerbauten durch Brände zerstört worden waren. Im Inneren strahlt die Kirche durch die Deckenmalereien von Paul Troger eine barocke Pracht aus. Herzstück des Dombezirks und ein echter Kunstschatz ist jedoch der an die Kirche anschließende **Kreuzgang** mit seinen Arkaden und Fresken, die hauptsächlich aus dem 14. und 15. Jahrhundert stammen. Es ist das größte Denkmal alpenländischer Wandmalerei.

Zum Ensemble des **Domplatzes** ➡ cB2 gehören ferner die Pfarrkirche mit dem **Weißen Turm,** der **alte Friedhof** und die **St. Johanneskirche** mit schönen gotischen Fresken. Vom Domplatz sind es nur wenige Schritte, vorbei an der **Jahrtausendsäule** ➡ cC2 (1909 errichtet zum 1000-jährigen Bestehen der Stadt), hinüber zur **Hofburg** ➡ cC2. Nach 1250 erbaut und zuletzt um 1600 umgebaut, war sie Sitz des Bischofs und beherbergt heute das **Diözesanmuseum** ➡ cC2. Eine Augenweide ist der Hofgarten mit Blumen und seltenen Kräutern.

Nicht nur kulturhistorisch interessierte Besucher kommen in Brixen auf ihre Kosten. Die weitgehend autofreie historische Altstadt mit ihren erkerbestückten Bürgerhäusern, engen Gassen und versteckten Winkeln lädt zum Shoppen und Bummeln ein. Fast zwangsläufig führt dabei der Weg durch die **Großen** und **Kleinen Lauben** ➡ cB2 mit ihren schönen Arkaden und zahlreichen Geschäften und Cafés.

Mit südländischem Flair, angenehm mediterranem Klima, vielfältigem Umland und abwechslungsreichem Veranstaltungsprogramm – besonders malerischer

Fresken erzählen aus der biblischen Geschichte: der Kreuzgang des Brixner Doms

Weihnachtsmarkt – hat sich die Kulturstadt auch zur Freizeit- und Urlaubsstadt entwickelt.

Tourist Information ➡ cC2
Regensburger Allee 9
I-39042 Brixen
✆ 04 72 27 52 52, www.brixen.org

Diözesan- und Krippenmuseum ➡ cC2
Hofburg, Brixen
www.hofburg.it
Das Museum zeigt in 70 Räumen einen Querschnitt der sakralen Kunst Südtirols, darunter Teile des Domschatzes, und eine umfangreiche Krippensammlung.

Pharmaziemuseum Brixen ➡ cB2
Adlerbrückengasse 4, Brixen
✆ 04 72 20 91 12
www.pharmaziemuseum.it
Interessante Ausstellung zur Arzneimittelherstellung während der letzten 400 Jahre mit vielen historischen Dokumenten.

Dom Brixen und Kreuzgang ➡ cB2
Domplatz 1, Brixen
Barockes Gotteshaus mit bedeutender Innenausstattung. Besonders beeindrucken die Deckenmalereien von Paul Troger. Auch der Kreuzgang mit Arkaden und Fresken aus dem 14./15. Jh. ist ein Besuchermagnet. Der Kreuzgang entstand um 1250.

Finsterwirt ➡ cB2
Domgasse 3, Brixen
✆ 04 72 83 53 43
www.adlerbrixen.com
Bis ins 12. Jh. zurück reichen die Wurzeln des Traditionslokals. Südtiroler Küche in zwei schönen Gaststuben. €€

Anreiterkeller ➡ cB3
Obere Schutzengelgasse 3 A
Brixen-Stulfs
✆ 04 72 83 63 93
www.dekadenz.it
Spielplan vgl. Website
Vorstellungen der Kabarettgruppe Dekadenz im Kellergewölbe und Treffpunkt der Brixner Theater- und Kleinkunst-Szene.

Ausflugsziel:

Festung Franzensfeste ➡ D10
Brennerstraße
I-39045 Franzensfeste
✆ 04 72 05 72 18
www.franzensfeste.info
Mit ihrem gigantischen Erscheinungsbild und Labyrinth aus Räumen, Gängen und Treppen zählt die Franzensfeste zu den interessantesten Festungen im Alpenraum und gilt als Meisterwerk österreichischer Festungsarchitektur. Sie wurde in den Jahren von 1833 bis 1838 erbaut und hat seitdem eine wechselvolle Geschichte erlebt. Seit 2008 ist sie Ausstellungsort für Kunst, Architektur und Kulturgeschichte. Zudem finden hier zahlreiche Events statt.

Kloster Neustift ➡ E11
Stiftstr. 1, Vahrn
✆ 04 72 83 61 89
www.kloster-neustift.it

Wer gut zu Fuß ist, kann von Brixen aus in einer Stunde zum 1142 gegründeten Augustiner Chorherrenstift wandern, Südtirols größter Klosteranlage mit spätbarocker Stiftskirche, gotischem Kreuzgang, Wunderbrunnen und bedeutender Bibliothek und Pinakothek. Dort wartet auch eine Stärkung im Klosterkeller. Auch die überregional hochgeachteten Weine der Stiftkellerei können in der Schenke verkostet werden.

Renaissanceschloss Velthurns ➡ E/F10
8 km südwestlich von Brixen bei Feldthurns
www.schlossvelthurns.it
Besichtigung nur mit Führung
1577–87 vom Brixner Bischof erbautes Schloss. Bis zur Säkularisation um 1803 diente es den Bischöfen als Sommerresidenz. Es zeigt bedeutende Kunstschreinerarbeiten, darunter eine vergoldete Kassettendecke im Fürstenzimmer. Heimatmuseum im Nebengebäude.

Kastelruth/Castelrotto

➡ G10

Am Fuß des mächtigen Schlerngebiets mit seinem Naturpark liegt Kastelruth, ein Ort mit über 1000-jähriger Geschichte, viel Tradition und verkehrsberuhigtem, historischen Ortskern. In erster Linie ist Kastelruth aber Heimatdorf der Kastelruther Spatzen (im deutschsprachigen Raum bekannte Schlagerband), die daher hier im Oktober beim **Kastelruther Spatzenfest** mit ihren Fans ein dreitägiges Event feiern.

Zweite Großveranstaltung in Kastelruth ist der alljährlich im Juni stattfindende **Oswald-von-Wolkenstein-Ritt**, ein Reiter-Turnierfestspiel, an dem 36 herausgeputzte Turniermannschaften teilnehmen. Oswald von Wolkenstein (1377–1445) war einer der bedeutendsten Dichter und Komponisten des Mittelalters.

Kaum weniger folkloristisch ist die mit einem Umzug in Trachten und historischen Gewändern verbundene **Bauernhochzeit** Mitte Januar. Nicht zu vergessen die weithin bekannte **Fronleichnams-Prozession** am Sonntag nach Fronleichnam. Die bedeutendste Sehenswürdigkeit von Kastelruth ist der sogenannte **Kofl**, der Kalvarienberg, auf dem einst die Burg der Herren von Kastelruth stand und auf dem auch ein Teil des Wolkensteinritts stattfindet.

Tourist Information ➡ G10
Krausplatz 1, I-39040 Kastelruth
✆ 04 71 70 63 33
www.kastelruth.com

Ausflugsziele:

Schlerngebiet mit Seiser Alm ➡ G/H10/11
Das Schlerngebiet mit dem Hauptberg, dem 2564 m hohen **Schlern** ➡ G10, ist ein Wandergebiet der Superlative. Allein die über 2000 m hoch gelegene **Seiser Alm** ➡ G10/11 (www.seiser alm.net), mit 70 km² Fläche die

Kastelruth am Fuß des Schlerngebiets

Aussichtsreich: die Umlaufbahn »Mont Sëuc« zwischen St. Ulrich und der Seiser Alm

größte Hochalm Europas, bietet ein Netz von über 300 km Wanderwegen. Im Winter gibt es neben Skiliften vor allem ein ausgedehntes Langlaufgebiet.

Im Sommer wird der **Seiser Alm Hexenzauber** für Kinder veranstaltet, denn die Seiser Alm ist von alters her als Zusammenkunftsort der Hexen bekannt.

Schloss Prösels ➡ H10

Von Völs/Fié allo Sciliar mit dem Auto, dem Linienbus oder per dreistündiger Wanderung zu erreichen
Prösels 21, Völs am Schlern
✆ 04 71 60 10
schloss-proesels.seiseralm.it
In dem prächtigen, um 1500 erbauten Schloss finden auch kulturelle Veranstaltungen sowie ständige Ausstellungen statt.

Klausen/Chiusa ➡ F10

Ein wenig eingezwängt zwischen den Bergen liegt Klausen an einer Engstelle des Eisacktals, wo bereits zur Römerzeit eine Zollstätte den Verkehr überwachte. Es nennt sich selbstbewusst das Künstlerstädtchen. Nicht nur, weil bereits Albrecht Dürer das Stadtbild 1494/95 in einem Stich festhielt, sondern vor allem, weil Klausen Ende des 19. Jahrhundert zu einem Treffpunkt von Künstlern aus dem gesamten deutschsprachigen Raum wurde – mehr als 250 Maler und Bildhauer hielten sich zeitweise in Klausen auf, viele der hier geschaffenen Werke sind im Stadtmuseum zu sehen. Eine Ursache für die Beliebtheit der alten Bergbaustadt war eine Art »Walthermania«, denn der Minnesänger Walther von der Vogelweide, dessen Geburtsort in der Nähe im idyllischen Bergdorf Lajen-Ried vermutet wird, war damals sehr en vogue.

Heute sind es die Altstadt und vor allem das **Benediktinerinnenkloster Säben**, das sich mächtig und erhaben auf einem Hügel über dem Ort erhebt, die die Besucher nach Klausen locken. Säben, der »heilige Berg«, die »Tiroler Akropolis«, zählt mit seinen vier Kirchen zu den ältesten Wallfahrtsorten Tirols. Im Gegensatz zum Kloster stehen die Kirchen dem Publikum offen. Die »Säbener Promenade« führt in 40 Minuten zu Fuß als Rundweg von der Tourist Information einmal über den Klosterberg.

Tourist Information ➡ F10
Marktplatz 1
I-39043 Klausen
✆ 04 72 84 74 24
www.klausen.it

Stadtmuseum ➡ F10
Im Kapuzinerkloster, Frag 1
Klausen
✆ 04 72 84 61 48
www.museumklausenchiusa.it
Im restaurierten Kapuzinerkloster widmet sich ein Raum im Erdgeschoss der Klausner Künstlerkolonie (1874–1914), im 1. Stock ist der von der spanischen Königin Maria Anna (1667–1740) Ende des 17. Jh. gestiftete Loretoschatz ausgestellt. Zu den Prunkstücken der Sammlung zählt auch der Feldaltar König Karls II.

Gasthaus Walther von der Vogelweide ➡ F10
Oberstadt 66, Klausen
✆ 04 72 84 73 69
www.vogelweide.it
Direkt in der Altstadt gelegenes Gasthaus mit Restaurant (schöne Terrasse) und Pizzeria sowie gutbürgerlich eingerichteten Zimmern. €–€€

Brauerei Restaurant Gassl Bräu ➡ F10
Gerbergasse 18
39043 Klausen
✆ 04 72 52 36 23
www.gassl-braeu.it
Gemütliche Wirtshausbrauerei mit süffigem Bier und bodenständiger Küche. €–€€

Ausflugsziel:

Trostburg ➡ F10
Burgfrieden-Weg 22
Waidbruck
✆ 04 71 65 44 01
www.burgeninstitut.com
Bei Waidbruck bewacht die Trostburg den Eingang zum Grödnertal. Über 600 Jahre war die eindrucksvolle Burg im Besitz der Grafen von Wolkenstein, zu deren Familie auch der Minnesänger und Dichter Oswald von Wolkenstein zählte. Bekannt ist die Sammlung der Modelle aller wichtigen Südtiroler Burgen im **Südtiroler Burgenmuseum**, aber auch der prunkvolle Rittersaal und die größte Weinpresse Südtirols sind sehenswert. Man erreicht die Burg zu Fuß von der Ortschaft **Waidbruck** aus

Ideales Terrain für Wanderer, Reiter und Paraglider: die Seiser Alm

Blühende Geranien in Sterzing

über einen steilen mittelalterlichen Pflasterweg in 15 bis 20 Minuten oder in 30 Minuten über die Straße (Achtung: Fahrverbot).

Sterzing/Vipiteno ➡ C9
Das quirlige Sterzing zeigt sich von einer recht malerischen Seite. Besonders sind die Lage inmitten der Bergwelt und die gut erhaltene **Altstadt** mit der wohl schönsten Fußgängerzone Südtirols, die übrigens **Neustadt** heißt. Ein richtig gutes Einkaufs- und Flanierpflaster mit einigen Sehenswürdigkeiten am Weg wie dem **Zwölferturm**, Wahrzeichen von Sterzing, der die Alt- von der Neustadt trennt. Aber auch der stattliche **Rathauskomplex** mit einer Kopie des **Mithrassteins** (Original im Archäologischen Museum in Bozen), einem römischen Altarstein, und die spätgotische **Hl.-Geist-Spitalkirche** am Stadtplatz sind bei einem Stadtrundgang einen Blick wert.

Lohnend ist auch ein Besuch des sogenannten **Deutschhauses**, ehemaliges Hospiz des Deutschen Ordens, mit dem **Multscher- und Stadtmuseum**, vor allem wenn man sich für sakrale Kunst oder die Deutschordensherren interessiert. Zu besichtigen ist u. a. der prächtige spätgotische Flügelaltar des Ulmer Bildhauers und Malers Hans Multscher aus der Pfarrkirche **Unsere liebe Frau im Moos**, die rund einen Kilometer südlich von Sterzing liegt.

Auch im Winter zeigt sich die Altstadt sehr lebendig, es gibt ein Kneipen-Bermudadreieck, denn trotz eines eher kleinen Skigebiets auf dem Hausberg Rosskopf (2176 m) kommen erstaunlich viele Wintersportler in die mittelalterliche Fuggerstadt, die einst im 15./16. Jahrhundert durch den Silberbergbau einen enormen Aufschwung nahm.

Tourist Information ➡ C9
Stadtplatz 3
I-39049 Sterzing
✆ 04 72 76 53 25
www.sterzing.com

Stadt- und Multschermuseum
➡ C9
Im Deutschhaus
Deutschhausstr. 11, Sterzing
✆ 04 72 76 64 64
www.sterzing.eu
Die Altartafeln des bekannten spätgotischen Holzaltars von Hans Multscher, der früher in der Kirche Unsere liebe Frau im Moos stand, werden hier gezeigt, zudem historische Landkarten, Stadtansichten, Urkunden und Zeugnisse der Stadtgeschichte sowie des lokalen Kunsthandwerks.

Unsere liebe Frau im Moos
➡ C9
Via della Commenda, Sterzing
Spätgotischer Hallenbau (1497–1524) mit Wandgemälden von Josef Adam Mölck (1753), Holzaltar von Hans Multscher und Darstellung des jüngsten Gerichts aus dem 16. Jh.

Stadtbühne Sterzing ➡ C9
Goetheplatz 1, Sterzing
✆ 04 72 76 04 00
stadtbuehne-sterzing.com

Eine der führenden Bühnen, Theater, Konzertsaal, Kino, Stadtbibliothek.

Restaurant Arbor ➡ C9
Geizkoflerstr. 15, Sterzing
✆ 04 72 76 42 41
www.arbor.bz.it
Reservierung erfoderlich
Kreative und frische Küche mit Zutaten aus der Region. Gemütliche Zirnstube. €€

Mair & Mair ➡ C9
Altstadt 1, Sterzing
✆ 04 72 76 53 86
mair-mair.com
Sehr schönes Delikatessengeschäft mit einer tollen Auswahl.

Ausflugsziele:

Gilfenklamm ➡ C8
Die weltweit einzige Klamm, die tief in reinweißen Marmor eingeschnitten ist, obwohl sie oft dunkel-grünlich schimmert – ein grandioses Naturschauspiel. Der Ratschinger Bach stürzt mit lautem Getöse durch Wannen und Kaskaden und schließlich 15 m tief in ein Felsloch.

BergbauWelt Ridnaun-Schneeberg ➡ C8
Maiern 48, Ridnaun
✆ 04 72 65 63 64
www.bergbaumuseum.it
Besichtigung der gesamten Produktionskette eines Bergwerks. Die Anlage ist funktionstüchtig.

Landesmuseum für Jagd und Fischerei ➡ C8
Schloss Wolfsthurn
Mareit 5
Mareit/Ratschings
✆ 04 72 75 81 21
www.wolfsthurn.it
Die Ausstellung führt durch die Prunkräume des barocken Schlosses Wolfsthurn.

In der malerischen Einkaufsstraße von Sterzing

Burg Reifenstein ➡ C9
Freienfeld
www.sterzing.com
Hier kommt Burgenromantik auf, denn Reifenstein ist bestens erhalten, fast im Originalzustand einer mittelalterlichen Burg.

Wallfahrtskirche Maria Trens ➡ C9
Maria Trens
www.mariatrens.com
Spätgotischer Bau von 1498, die hier verehrte Holzskulptur der Muttergottes stammt aus dem Jahr 1470. Einer der bedeutendsten Wallfahrtsorte Südtirols.

Pustertal mit Tauferer Ahrntal

Von West nach Ost – von der Mühlbacher Klause bei Brixen bis ins Osttiroler Lienz – schiebt sich das auch »grüne Tal« genannte Pustertal ➡ D/E14/15 mit seinen romantischen Seitentälern zwischen den Alpenhauptkamm und die Dolomiten. Die von bleichen Gipfeln überragten Bergflanken werden von ausgedehnten Nadelwäldern bedeckt, die alles grün färben.

Im Winter ist das Hochtal ein Eldorado für Langläufer, Tourengeher und Alpin-Skiläufer – seit der Wintersaison 2012/13 pendelt zwischen den Skigebieten Hochpustertal und Kronplatz der Pustertaler Skizug. Im Sommer werden vor allem Wandern, Klettern, Bergsteigen und Montainbiken in den einzigartigen Naturparks wie Sextner Dolomiten oder Fanes-Sennes-Prags großgeschrieben.

Antholzertal/Val di Anterselva ➡ C/D14/15

Das Antholzertal erstreckt sich von Olang 20 Kilometer nach Nordosten und stellt über den nur im Sommer geöffneten Staller Sattel eine Verbindung mit Osttirol her. Im Winter wird die Pass-Straße als wunderschöne Rodelbahn genutzt. Das waldreiche und schneesichere Tal wirkt teilweise noch recht verträumt, auch wenn sich

Begegnung beim Wandern

der Hauptort **Antholz** ➡ D14 zu einem bedeutenden Biathlon- und Langlaufzentrum entwickelt hat.

Für Freizeitsportler ist im Sommer die 2,5 Kilometer lange Asphaltstrecke für Rollerblades und Skiroller interessant. Naturschönheiten im Tal sind der romantische **Antholzer See** ➡ D14 und die als Biotop geschützten **Hochmoore von Rasen-Antholz** ➡ D14. Durch die Moorlandschaft führt ein schöner Weg mit Schautafeln.

Tourist Information Antholzertal ➡ D14
St. Georg Str. 16
39030 Antholz Mittertal
✆ 04 74 49 62 69
www.antholzertal.com

Messnerwirt ➡ D14
Niedertal 33
Rasen/Antholz
✆ 04 74 49 21 44
hotelmessnerwirt.com
Schon seit 1583 Gasthof mit Produkten vom eigenen Bauernhof. Schöne Zimmer, Wellness, eigene Alm auf 2000 m Höhe. €€

Bruneck/Brunico ➡ D13

Egal, woher man sich Bruneck nähert, immer erblickt man zuerst das **Schloss Bruneck**. Groß und schön liegt die Bischofsburg auf einem leicht zugänglichen Hügel über der Stadt und wacht über Handel und Wandel in der »Perle des Pustertals«, wie Bruneck gern genannt wird. Inzwischen ist in die restaurierte Burg das **MMM Ripa**, ein Museum von Reinhold Messners sechsteiligem Museumskonzept zum Thema Berg, eingezogen. Es widmet sich den Bergvölkern in den verschiedenen Gebirgen der Erde.

Das Städtchen an der Rienz ist mit seinem mittelalterlichen Stadtkern ein schnucklig-pittoreskes Stück Südtirol. Wie anderswo in der Provinz treffen auch hier Stadtkultur und ländliches Brauch-

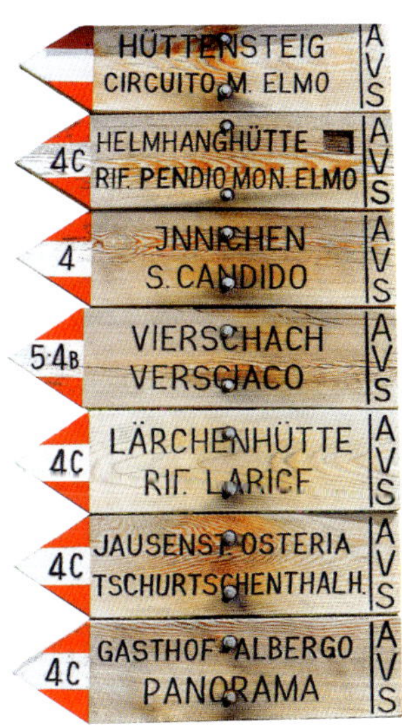

Wegzeichen im Pustertal

tum aufeinander – das Ergebnis ist ein lebendiger Ort mit einem hohen Anteil junger Leute. Lange galt Bruneck als Kulturzentrum Südtirols, so lange, bis Bozen nachlegte. Trotzdem bleibt das Pustertal-Kleinod in Sachen Kunst rührig.

Bruneck liegt, wie auch Trient, an einem der wichtigsten Verkehrswege über die Alpen und am Kulturschnittpunkt zwischen Nord und Süd. Die Stadt wurde als eine Art Festung von Bischof Bruno von Brixen (1250–88) angelegt, günstig inmitten des weiten Tals und zwischen Ahr und Rienz. Von der mächtigen Stadtmauer sind heute noch die vier Tore und der Wehrturm, der Kälberkopf geschimpft wird und heute ein Café beheimatet, erhalten.

Die Frage nach der Haupt-Shoppingmeile ist im Italienischen einfach: *Via Centrale* heißt die Fußgängerzone, zu deutsch: **Stadtgasse**, die mehr ist als eine Handelsmeile. Alle Gebäude – lohnend der Blick zu den unterschiedlichen Giebelkonstruktionen und alten Fresken – sind zuerst Wohnhäuser, in denen Geschäfte und Lokale untergebracht sind. Die alten Häuser, die ihr Aussehen teilweise seit dem 15. Jahrhundert nicht verändert haben, zeugen von der Bollwerk-Bauweise vergangener Zeiten. Sie sind so dicht an den Burghügel gedrängt, dass man die Gärten hinter den Häusern über die oberen Stockwerke betreten muss. Ein besonderes Relikt vergangener Zeiten verbirgt sich im **Apothekerhaus** (Nr. 43): eine mittelalterliche Trinkstube in einem freskenverzierten Tonnengewölbe, die ihresgleichen sucht (Besichtigung nur auf Anfrage in der Apotheke).

Bruneck über seine Einkaufsstraßen zu entdecken ist gar nicht verkehrt. Gibt es da doch noch die östlich des Ragentores gelegene **Oberstadt**. Der Charme des fast schon ländlich wirkenden Stadtteils rührt von seinen fast nur zweistöckigen Häusern her – einst Handwerksbetriebe oder Beamtenwohnhäuser. Am östlichen Ende der Oberstadt findet sich in der 1850 im neoromanischen Stil erbauten **Pfarrkirche** die größte Orgel Südtirols. Unter dem Zwiebeldach der **Rainkirche** (Raingasse) tat der Nachtwächter von Bruneck bis vor 30 Jahren seinen Dienst.

Tourist Information ➡ D13
Rathausplatz 7, I-39031 Bruneck
✆ 04 74 55 57 22
www.bruneck.com

MMM Ripa ➡ D13
Schloss Bruneck, Schlossweg 2
Bruneck
✆ 04 74 41 02 20
www.messner-mountain-museum.it
Unter dem Motto »Erbe der Berge« ist Messners fünftes Museum auf Schloss Bruneck den unterschiedlichen Bergvölkern und Bergkulturen gewidmet.

Südtiroler Landesmuseum für Volkskunde ➡ D13
Herzog-Diet-Str. 24
Bruneck-Dietenheim
✆ 04 74 55 20 87
www.volkskundemuseum.it
Das Gelände gilt als eines der schönsten Open-Air-Museen Europas mit zahlreichen Originalbauten wie barockem Herrenhof, authentisch eingerichteten mittelalterlichen Bauernhäusern, Mühlen, Handwerksbetrieben und zahlreichen Haustieren.

Die Rienz schlängelt sich durch Bruneck

Ragenhaus ➡ D13
Paul-von-Sternbach-Str. 3
Bruneck
kulturinstitut.org
Das Haus aus dem 13. Jh. zählt zu den ältesten der Region. Ursprünglich wurde der Ansitz als Küchenmaierhof des Bischofs von Brixen erbaut. Anfang/Mitte der 1980er Jahre vollständig renoviert, ist er heute Sitz der Musikschule. Hier finden im Sommer vornehmlich kammermusikalische Konzerte statt.

Stadttheater ➡ D13
Dantestr. 21, Bruneck
✆ 04 74 41 21 02
stadttheater.eu
Kleine Kellerbühne, die zu den renommiertesten Theatern Südtirols gehört. Das Programm deckt von Shakespeare bis Kishon alles ab. Mit Theaterschule.

Enotheque Bernardi ➡ D13
Laden: Stadtgasse 36, Enotheque: Stuckstr. 6, Bruneck
✆ 04 74 55 54 72
www.bernardi-karl.it
Kleine, feine Küche, serviert auf sonniger Terrasse. Erlesene Weine aus dem Degustationskeller und eine eigene Metzgerei. Regelmäßig wird zur Weinprobe geladen. €€

Weißes Lamm ➡ D13
Stuckstr. 5, Bruneck
✆ 04 74 41 13 50
www.weisseslamm.it
Beste Urtiroler Küche zwischen alter Holztäfelung; seit Mitte des 16. Jh. ist das Haus ein Gasthof, auch als Lampl bekannt. €€

Harpf Getränkeladen ➡ D13
Stadtgasse 53 A, Bruneck
✆ 04 74 53 71 31
harpf.it
Über 300 verschiedene Weine, mehr als 160 Biersorten und

Fürstbischof Bruno, der Gründer von Bruneck

120 Spirituosen hat der Harpf Getränkeladen im Sortiment. Dazu gibt es passende, handwerklich erzeugte Feinkost aus Südtirol und Italien.

Café Mojito ➡ D13
Hintergasse 29, Bruneck
✆ 04 74 53 04 11
Gemütliche und von Einheimischen gerne besuchte Cocktailbar.

Moessmer ➡ D13
Walther-v.-d.-Vogelweide-Str. 6
Bruneck
✆ 04 74 53 31 11
www.moessmer.it
Alteingesessene Tuchfabrik, die ihre Lodenmode u. a. im eigenen Factory-Outlet verkauft.

Sommerkino im Jugend- und Kulturzentrum UFO ➡ D13
Josef-Ferrari-Str. 20, Bruneck
✆ 04 74 55 57 70
ufobruneck.it
Eintritt frei
Vom Klassiker bis zum Kinderfilm: Kino unter freiem Himmel, außerdem Konzerte. Und das alles bei freiem Eintritt. Ganzjährig Theater, Konterte, Filme, Ausstellungen etc.

Kleinod in der Pfarrkirche von St. Lorenzen: die schöne Madonnenstatue des spätgotischen Bildschnitzers und Malers Michael Pacher

Feste in Bruneck/Brunico
Ein Highlight ist das dreitägige **Stadtfest** am letzten Juli-Wochenende. Viel Atmosphäre besitzt der **Christkindlmarkt** (Ende Nov.–Anfang Jan.).

Ausflugsziele:

Kronplatz ➡ E13
www.kronplatz.com
Brunecks Hausberg und für viele Touristen einer der schönsten Freizeitberge (2273 m hoch). Gondelbahnen führen von Reischach, Olang und St. Vigil auf den runden, kahlen Buckel, der sich bereits Anfang Dezember bestens präpariert für die Skifahrer zeigt. Im Sommer stehen vor allem Paragliding, Wandern, Mountainbiken und Reiten ganz oben auf der Freizeitliste. Rund um den Kronplatz gibt es ein großes Angebot an Unterkünften aller Kategorien.

MMM Corones ➡ E13
Gipfelplateau des Kronplatzes
✆ 0471 631264, www.messner-mountain-museum.it
2015 wurde auf dem Berg in 2275 m Höhe das sechste und letzte Museum von Reinhold Messners Bergmuseum-Projekt eröffnet. Im von der Stararchitektin Zaha Hadid entworfenen MMM Corones geht es um den traditionellen Alpinismus und seine Königsdisziplin, die Besteigung der berühmten Wände.

Sonnenburg ➡ D13
Burg Sonnenburg 38, St. Lorenzen
✆ 04 74 47 99 99
www.sonnenburg.com
Im Rahmen des Hotelbetriebs zu besichtigen, derzeit wegen Umbau geschl.

Beim Schneeskulpturen-Festival in Innichen/San Candido

Altstadt von Innichen mit Pfarrkirche St. Michael im Hintergrund

Zur Burgentour lädt die Umgebung von St. Lorenzen ein. Mitte des 15. Jh. lebte in dem ältesten Frauenkloster Südtirols (11. Jh.), die streitbare Äbtissin Verena, die sich häufig mit dem Fürstbischof von Brixen, Kardinal Nikolaus Cusanus, in den Haaren lag. Heute ist die weithin sichtbare Kloster- und Burganlage ein Hotel, kann aber in Teilen besichtigt werden; interessant ist die Krypta mit romanisch-byzantinischen Freskofragmenten.

St. Lorenzen ➡ D13

In dem Örtchen wurden Spuren der Römer entdeckt: Überreste eines Tempels, eine Markthalle, römische Bäder, goldene Münzen und sogar eine Fußbodenheizung. Im Zentrum steht ein Brunnen mit dem heiligen Laurentius. Der römische Märtyrer soll, so wird erzählt, 258 zu Tode gefoltert worden sein – auf dem Rost, den er in der Hand hält. Weit bekannt in der **Pfarrkirche**: die schöne Madonnenstatue von dem spätgotischen Bildschnitzer und Maler Michael Pacher.

Kräuterhof ➡ D13/14

Wielenberg 20
Percha
✆ 04 74 40 10 92
www.kraeuterhof.it

Nordöstlich von Bruneck, in Percha, baut Familie Huber in einem kleinen, hoch oben gelegenen Bergbauernhof Kräuter an und verarbeitet sie zu ätherischen Ölen, Kosmetik, Schnaps und Kräutermixturen.

Innichen/San Candido ➡ E16

Die **Stiftskirche** von Innichen im Hochpustertal, häufig wegen ihrer schlichten Eleganz auch Dom von Innichen genannt, ist das bedeutendste romanische Bauwerk Südtirols. Mit dem Bau wurde bereits um 1143 begonnen. Die Kirche in ihrer heutigen Form wurde im Jahr 1284 geweiht, der Turm allerdings erst 1320–26 angebaut.

Blickfang im Kircheninneren sind die romanische Kreuzigungsgruppe (um 1250) mit dem gekrönten Christus über dem Hochaltar, der Freskenzyklus über die Schöpfungsgeschichte in der Kuppel und die hölzerne geschnitzte Statue des hl. Candidus; außen fällt besonders das Südportal mit seinem Steinrelief und den wahrscheinlich von Michael Pacher stammenden Fresken ins Auge.

Terenten – eine der sieben historischen Wassermühlen im Pustertal

Zur 1200-Jahr-Feier des 769 gegründeten Innichen, das 2019 sein 1250-jähriges Jubiläum feierte, wurde der Dom restauriert und von Baueinflüssen späterer Jahrhunderte befreit. Am westlichen Ortsrand finden sich zwei kleine Kirchen mit einer ganz eigenen Geschichte. Sie wurden von dem frommen Gastwirt Georg Paprion Mitte des 17. Jahrhunderts gestiftet. Die eine ist der Wallfahrtskirche Altötting nachempfunden, die andere der Grabeskirche in Jerusalem.

Natürlich steht auch Innichen ganz im Zeichen des Tourismus. Im Winter ein kleines Alpin-Ski- und erstklassiges Langlaufgebiet, kommen Schneebildhauer aus aller Herren Länder zum **Schneeskulpturen-Festival** im Januar. Im Sommer treffen sich Ende Juni Tausende sangesfreudige Menschen zum **Festival der Chöre.**

Tourist Information ➡ E16
Pflegplatz 1, I-39038 Innichen
✆ 04 74 91 31 49, www.drei-zinnen.info/de/innichen.html

Museum des Stifts Innichen
➡ E16
Attostr. 3
Innichen
✆ 04 74 91 32 78, www.1250.bz.it/de/stiftsmuseum.html
Gezeigt werden der Domschatz und sakrale Kunst.

Festivals
www.festivalpusteria.org
Schneeskulpturenfestival im Jan. und Festival der Chöre Mitte/Ende Juni.

Mühlbach/Rio di Pusteria

➡ D11

Mühlbach, die Pforte zum Pustertal, ist ein alter Handelsort mit hübschem Marktplatz und stattlichen Bürgerhäusern. An der Mühlbacher Klause zwei Kilometer östlich des Ortes – die Burgruine war einst Zollstation – verlief die Grenze zwischen dem Fürstbistum Brixen und der Grafschaft Görz. Einige Kilometer weiter biegt von der Bundesstraße die gut ausgeschilderte »Pusterer Sonnenstraße« ab. Sie führt über die Terrasse oberhalb des Pustertals – sehenswert sind die Erdpyramiden bei Platten sowie die sieben historischen Wassermühlen entlang des Bachlaufs – bis in die Nähe von Bruneck.

Ein lohnender Abstecher führt ab Mühlbach ins Valser Tal nach

Meransen und **Vals**, beide mit guten Wander- und Skimöglichkeiten.

Loden-Erlebniswelt ➡ D11
Pustertaler Str. 1, Vintl
✆ 04 72 86 85 40, www.lodenwirt.com/urlaub-dolomiten/lodenwelt
Eintritt frei
Gut gemachtes Museum über die Entstehung der Lodenstoffe. Moderne Technik und gelungene Inszenierung garantieren einen hohen Erlebniswert.

Niederdorf/Villabassa ➡ E15

Zwischen Welsberg und Niederdorf zweigt das Pragser Tal vom Pustertal nach Süden ab und verzweigt sich nach einigen Kilometern in zwei Seitentäler. Am westlichen Talschluss liegt, eingebettet in dichten Wald und überragt von der 1000 Meter hohen Steilwand des Seekofels, der türkisfarbene **Pragser Wildsee** ➡ E14, der wohl schönste See der Dolomiten. Im östlichen Talarm ist der einst renommierte Kurort **Bad Alt-Prags** ➡ E15 ein beliebtes Ausflugsziel und die **Plätzwiese** auf 1933 Metern Höhe (Buszubringerdienst ab Brückele) ist landschaftlich besonders reizvoll.

Niederdorf war schon früh eine international bekannte Sommerfrische mit illustrem Publikum. Kein Zufall also, dass sich in Niederdorf das **Fremdenverkehrsmuseum Hochpustertal** mit interessanten Ausstellungsstücken zur Geschichte des Fremdenverkehrs im Pustertal befindet. Schon einmal in Niederdorf, sollte man am Hauptplatz einen Blick auf das **Görzerhaus** mit seinen Zinnen und Fresken werfen. Bekannt ist der Ort auch in Biker-Kreisen, denn hier startet alljährlich am ersten Sonntag im Juli das Mountainbike-Rennen »Dolomiti Superbike« (www.dolomitisuperbike.com).

Oberhalb von Welsberg thront auf einem Felsen **Schloss Welsberg** ➡ D15, einst Sitz eines der mächtigsten Südtiroler Adelsgeschlechter. Heute finden im Sommer kulturelle Veranstaltungen statt, und das Schloss kann besichtigt werden. Sehenswert sind die Altarbilder des einheimischen Barockkünstlers Paul Troger (1689–1762) in der Welsberger **Pfarrkirche St. Margareth** ➡ D14.

Kaum bekannt ist, dass sich in Niederdorf im 16. Jahrhundert die Glaubensgemeinschaft der Hutterer, benannt nach dem Gründer Jakob Hutter aus St. Lorenzen, bildete. Einst von der katholischen Kirche verfolgt, wanderten sie aus und leben heute vor allem noch in Amerika.

Tourist Information ➡ E15
Bahnhofstr. 3
I-39039 Niederdorf
✆ 04 74 74 51 36, www.drei-zinnen.info/de/niederdorf.html

Fremdenverkehrsmuseum Hochpustertal ➡ E15
Hans-Wassermann-Str. 8
Niederdorf
✆ 04 74 74 51 33
Interessante Exponate zur Geschichte des Fremdenverkehrs in

Stelzenhütte am Pragser Wildsee

der Region. Dargestellt ist der Bau der Pustertalbahn, der den Tourismus beschleunigte, ebenso wie die Entwicklung des frühen Alpinismus in der Region, der glänzende Gesellschaftstourismus um 1900 und die Arbeitswelt des Dienstpersonals.

Hotel Adler ➡ E15
Von-Kurz-Platz 3, Niederdorf
✆ 04 74 74 51 28
www.hoteladler.com
Traditionsreiches Haus mit gemütlichen Stuben, gutem Essen und komfortablen Zimmern. €€

Ausflugsziele:

Pfarrkirche St. Margareth ➡ D14
Welsberg
Faszinierende Altarbilder von Paul Troger (1698–1762).

Schloss Welsberg ➡ D15
Welsberg
✆ 04 74 94 41 18
www.gsieser-tal.com/de
Burg aus dem 12. Jh. mit hohem Bergfried. Ausstellungen, Konzerte und Führungen.

Sexten/Sesto ➡ E16

Kurz vor der österreichischen Grenze zweigt das Sextental aus dem Hochpustertal nach Süden ab. Die Lage am **Naturpark Sextener Dolomiten** ➡ E/F16 machen den Ort im Sommer besonders für Kletterer und Bergwanderer, im Winter für Skifahrer, Snowboarder und Langläufer interessant, zumal sich das Skigebiet erst jüngst vergrößert hat.

Haus-, Ski-, Paraglider-, Wander- und Aussichtsberg ist der 2434 Meter hohe **Helm** ➡ E17, auf den eine Kabinenbahn führt. Wahrzeichen von Sexten sind die 2998 Meter hohe Felsformation **Drei Zinnen** ➡ F16 und die sogenannte **Sextener Sonnenuhr** ➡ E/F16. Die Gipfel Neuner-, Zehner-, Elfer-, Zwölfer- und Einserkofel bilden quasi die Zeiger dieser Sonnenuhr. Vom malerischen Fischleintal aus betrachtet steht die Sonne zur entsprechenden Zeit über dem entsprechenden Berg. Seit 2009 gehören die Sextener Dolomiten zum UNESCO-Weltnaturerbe.

Kunstinteressierte sehen sich im **Rudolf-Stolz-Museum** in der Dolomitenstraße die Werke des Bozener Künstlers an, der Sexten zu seiner Wahlheimat machte. Von ihm stammen auch die Deckenbilder und Wandgemälde in der Kirche St. Joseph in Moos, einem Ortsteil von Sexten.

Tourist Information ➡ E16
Dolomitenstr. 45, I-39030 Sexten
✆ 04 74 71 03 10
www.sexten.it
sexten.guestnet.info/de

Wahrzeichen von Sexten: die Drei Zinnen

Rudolf-Stolz-Museum ➡ E16
Dolomitenstr. 26 B, Sexten
www.museumrudolfstolz.eu/de
Eintritt frei
Werke des gleichnamigen Bozener Künstlers.

Hotel Monika & Tiroler Stub'n 1881 ➡ E16
Parkweg 2, Sexten
✆ 04 74 71 03 84, www.monika.it
Traditionelle Tiroler und mediterrane Landküche in gemütlicher Bauernstube. €€€

Sport Sexten & Dolomitenarena ➡ E16
Waldheimweg 23, Sexten
✆ 04 74 71 00 96
www.hochpustertal.net/sport
Mit 16,5 m die höchste Kletterhalle Italiens. Außerdem Freibad, Tennis, Beachvolleyball u. v. m.

Tauferer Tal und Ahrntal/ Valle di Tures e Aurina

➡ C13/B13

Das Tauferer und das Ahrntal bieten hervorragende Möglichkeiten und Angebote für sportorientierte Urlauber. Das reicht von Wanderungen zu den 50 bewirtschafteten Almen, über diverse Mountainbike-Touren, Felsklettern, Rafting, Paragliding bis zu Alpinski und Langlauf oder Joggen auf dem Hans-Kammerlander-Waldtrainingspfad.

Hans Kammerlander, der Ahrntaler Mount-Everest-Bezwinger, betreibt in **Sand in Taufers** ➡ C13 seine Alpinschule. Der Ort ist die Hauptgemeinde des breiten Talgrabens, der bei Bruneck vom Pustertal Richtung Zillertaler Alpen abzweigt und bis Sand in Taufers Tauferer Tal heißt. Dort teilt es sich dann in Ahrntal und Reintal.

Für Romantiker und Burgenliebhaber ist ein Spaziergang zur **Burg Taufers** ➡ C13 bei Sand in Taufers ein absolutes Muss. Die Burg zählt zu den am besten erhaltenen und eingerichteten Burgen in Südtirol mit sehenswerter Bibliothek, Fürstenzimmer, sogenanntem Geisterzimmer, Rittersaal und einer freskengeschmückten Burgkapelle.

Ideal für eine Wanderung: die Reinbachfälle

Genießer kommen im Tauferer Ahrntal gut auf ihre Kosten, und das nicht nur in den bodenständigen Gasthäusern und Almhütten, sondern auch auf der Straße. Denn immer im Juli und August findet an jedem Dienstagabend in Sand in Taufers die **Tauferer Straßenküche** statt. Tiroler Spezialitäten werden serviert und Straßenmusikanten sorgen für gute Stimmung.

Am Ende des Ahrntals am Rötbach in **Prettau** ➡ A14 wurde über 500 Jahre lang Kupfer abgebaut. Heute gibt ein interessant angelegtes Bergwerksmuseum mit Klimastollen Einblick in die Südtiroler Bergbaugeschichte.

Aber nicht nur Bergbau, auch Bergbauern haben im Tauferer Ahrntal eine lange Tradition, wie heute noch beispielsweise im Reintal die abgelegenen Höfe in schwindelerregenden Höhen zeigen. Ebenfalls im Reintal: die **Reinbachfälle** ➡ C14, die größten Wasserfälle in Südtirol.

Tourismus Information ➡ B13
Ahrner Straße 22, I-39030 Luttach
✆ 04 74 67 11 36
www.ahrntal.com/de

Tourist Information ➡ C13
J.-Jungmann-Str. 8
I-39032 Sand in Taufers
✆ 04 74 67 80 76
www.sand-in-taufers.com

Landesbergbaumuseum und Schaubergwerk Prettau
➡ A14
Hörmanngasse 38 A, Prettau
✆ 04 74 65 42 98
www.bergbaumuseum.it
Teile der Bergwerksanlagen wurden restauriert. Ausstellungen und Führungen: Ausgestattet mit Grubenlampe, Helm und Regenjacke fahren die Besucher mit der Grubenbahn zur Besichtigungstour mit lebensechten Arbeitsszenen und Abbautechniken, beginnend mit Schlägel und Eisen über Schwarzpulversprengungen bis zum Abbau mit Pressluft.

Mineralienmuseum ➡ B13
St. Johann 3, Ahrntal
✆ 04 74 65 21 45
www.mineralienmuseum.com
Eine der bedeutendsten Mineraliensammlungen der Ostalpen mit 1000 Einzelexponaten. Multimediaschau über die Entstehung der Minerale.

Burg Taufers ➡ C13
Sand in Taufers
✆ 04 74 67 80 53
www.burgeninstitut.com
Die imposante Wehranlage am Eingang des Ahrntals ist ein Besuchermagnet.

Steinhauswirt ➡ B13
Klausbergstr. 89
Steinhaus im Ahrntal
✆ 04 74 65 22 41
www.steinhauswirt.com
Regionale Küche mit Kräutern aus dem eigenen Garten in historischem Wirtshausambiente. Auch Zimmer. €€

Tauferer Straßenküche
➡ C13
Im Zentrum, Sand in Taufers
Genuss pur unter freiem Himmel: Jeden Dienstag im Juli und August können Genießer auf den Straßen Spezialitäten wie Pilznocken, Kniekichlan, Erdäpfelplattlan, Graukassuppe, Boxelemehl-Knödel, Buchteln, Steinpilzrisotto, aber auch Calamari-Spieße, griechisches Gyros oder Meeresfrüchtesalat probieren. €

Zu jeder Jahreszeit einen Besuch wert: der Toblacher See

Rafting Club Activiv ➡ C13
Ahrntalstr. 22, Sand in Taufers
✆ 04 74 67 84 22
www.rafting-club-activ.com
Spannende Touren auf Eisack, Ahr und in der Rienzschlucht. Auch Canyoning- und Kajaktouren. Es gibt am Standort einen Hochseilgarten.

Toblach/Dobbiaco ➡ E15

Toblach liegt an der alten Handelsstraße Strada d'Alemagna, die von Augsburg nach Venedig führte und bei Toblach in das Höhlensteintal Richtung Cortina d'Ampezzo abbog. Auch war Toblach als Ausgangspunkt für den Besuch der **Drei Zinnen** ➡ F16 schon früh ein viel besuchter Ferienort, in dem der bekannte Komponist Gustav Mahler gern zu Gast war, genauer gesagt im benachbarten **Alt-Schluderbach**.

In den Jahren 1908–10 komponierte er hier seine 9. und 10. Symphonie. Ihm zu Ehren werden in Toblach und Umgebung alljährlich die **Gustav-Mahler-Musikwochen** veranstaltet. Die Aufführungen finden im als Kultur- und Kongresszentrum wiederbelebten Grand Hotel Toblach, aber auch in Schlössern und Kirchen der Umgebung statt. Die Musikwochen sind bekannt für ihr künstlerisch hohes Niveau.

Ein Festival ganz anderer, aber kaum weniger beeindruckender Art zieht Zuschauer im Januar in die Region: das **Ballonfestival**. Eine Woche lang steigen farbenprächtige Ballone vor der imposanten Dolomitenkulisse in die Lüfte. Abschlusstag des Festivals ist traditionsgemäß der zweite Sonntag im Januar. Gleichzeitig fällt an diesem Sonntag in Toblach auch der Startschuss zum beliebten **Pustertaler Skimarathon.**

Tourist Information ➡ E15
Dolomitenstr. 3, I-39034 Toblach

Marterl am Wegesrand

✆ 04 74 97 21 32, www.drei-zinnen.info/de/toblach.html

Naturparkhaus Drei Zinnen ➡ E15
Im Kulturzentrum Grand Hotel Toblach
Dolomitenstraße, Toblach
✆ 04 74 97 30 17
naturparks.provinz.bz.it
In dem Naturparkhaus mit interessanter Erlebniswerkstatt erfährt man alles über die Naturparks Sextener Dolomiten und Fanes-Sennes-Prags.

Ausstellungsobjekte wie Geweihe, Felle, Zapfen und Zweige, Puzzletische, Tast- und Riechkästen, ein Fossilienspiel und ein Aquarium laden zum Lauschen, Entdecken und Ausprobieren ein.

Gustav Mahler Musikwochen ➡ E15
Dolomitenstr. 31, Toblach
✆ 04 74 97 61 51
www.kulturzentrum-toblach.eu
Große Auswahl an Konzerten, Gesprächen und anderen Veranstaltungen im Kulturzentrum Grandhotel, aber auch in der Pfarrkirche.

Die Dolomiten, ein Eldorado für Gipfelstürmer: Klettersteig am Rosengarten

Ballonfestival
www.balloonfestival.it
Beeindruckendes Schauspiel vor der Kulisse der Dolomiten.

Pustertaler Skimarathon
www.ski-marathon.com
60-km-Rennen von Prags nach Sexten im Langlauf.

Ausflugsziele:

Toblacher See ➡ E15 und **Gsieser Tal** ➡ D15
www.toblachersee.com
www.gsieser-tal.com/de
Sommers wie winters ist der Toblacher See ein beliebtes Ziel, auch wenn sein Wasser zum Baden ziemlich kalt ist. Nach Norden lohnt ein Abstecher ins eher ruhige, vom Tourismus noch nicht so stark berührte, aber sehr reizvolle Gsieser Tal.

Freilichtmuseum Monte Piana ➡ F16
Shuttlebus ab Misurina
✆ 338 528 24 47
www.montepiana.com
Das Freilichtmuseum in 2325 m Höhe ist Gedenkort an ein tragisches Ereignis im Ersten Weltkrieg. Auf dem Gipfelplateau lieferten sich Österreicher und Italiener einen erbitterten Stellungskrieg und durchlöcherten den Berg richtiggehend mit Stollen, Stellungen, Bunkern, Lagern, Unterkünften und Transportwegen. Vieles kann heute noch bei einer Bergtour nachempfunden werden. Über 14 000 Soldaten starben hier. Viele Lauf- und Schutzgräben sowie Artilleriegeschütze sind zu sehen.

Herrlicher Rundumblick auf die schönsten Berge von Auronzo di Cadore und Cortina d'Ampezzo.

Dolomiten

Seit dem Jahr 2009 zählen die Dolomiten wegen ihrer »einzigartigen monumentalen Schönheit«, so die Begründung der UNESCO, zum Weltnaturerbe. Vor etwa 250 Millionen Jahren war die heute einzigartige Gebirgslandschaft mit ihrer Kombination aus in der Abendsonne rötlich schimmernden, in ihrer Form unverwechselbaren schroffen Felsen und satten, grünen Almen ein riesiges Korallenriff im Urmeer Tethys. Im Winter ist Superski Dolomiti das Non-Plus-Ultra für Skifahrer, im Sommer sind die Berge um Drei Zinnen, Langkofel und Marmolata ein Eldorado für Wanderer, Kletterer, Bergsteiger und Mountainbiker. Trotz Tourismus haben die Menschen in den Dolomiten sich viel Tradition und Eigenständigkeit bewahrt – nicht zuletzt wird in vielen Ortschaften auch noch Ladinisch gesprochen.

Fassatal ➡ H/I11/12
Vom Karerpass führt die Große Dolomitenstraße hinunter ins ladinische Fassatal (www.fassa.com) mit bekannten Ferienorten wie **Vigo di Fassa, Canazei und Campitello** und schließlich weiter bis **Cortina d'Ampezzo**. Das Tal gehört bereits nicht mehr zu Südtirol, sondern zur Provinz Tren-

Marmolata/Marmolada

Die Marmolata ist mit 3343 Metern nicht nur der höchsten Berg der Dolomiten, sondern gleichzeitig auch einer der schönsten Skiberge, inklusive dem einzigen Gletscher der Dolomiten. Eine moderne Seilbahn fährt in drei Abschnitten hinauf auf die Punta Rocca (3270 m).

Die berühmte Piste La Bellunese führt von dort aus über zwölf Kilometer hinunter nach Malga Ciapela (1450 m). Der Name des Gipfels, von dem sich ein unvergleichliches Bergpanorama bietet, soll von der Ähnlichkeit der Felsen mit Marmor herrühren.

Hat der Berg heute nur noch eine touristische Bedeutung, so war er im Ersten Weltkrieg Frontgebiet und zwischen Österreich-Ungarn und Italien militärisch hart umkämpft. Ein Kriegsmuseum – auf 2950 Metern Höhe wohl das höchstgelegene Museum Europas – dokumentiert mit zahlreichen Funden diesen Teil seiner Geschichte. Ziel vieler Besucher ist der Punta-Rocca-Stollen mit der von Papst Johannes Paul II. geweihten Statue der Heiligen Maria, Königin der Dolomiten.

Wandern, Bergsteigen, Skifahren, Snowboarden: Rund um die Marmolata kommen Aktivfans auf ihre Kosten

tino. Von Canazei schlängelt sich eine Bergstraße zum **Fedaiapass** und **Fedaiastausee**. Hier steht man nah an der **Marmolata**, dem mit 3342 Metern höchsten Berg und der »Königin der Dolomiten«.

Im Winter ist das Tal am Fuße von **Sellastock** und **Langkofel** ein Skiparadies und Teil der berühmten Abfahrtsrundtour Sellaronda, die man im Winter mit Skiern und im Sommer mit dem Mountainbike oder zu Fuß bewältigt. Auch für ein durchaus lebendiges Aprés-Ski sind die Orte im Fassatal bekannt. Im Sommer tummeln sich auf den Hängen über den quirligen Ortschaften Kletterer, Wanderer und Mountainbiker. Das moderne Sportzentrum an der Talstation der Bergbahn zum Col Rodella ist für viele Besucher ebenfalls ein Anziehungspunkt. Einen Übungsgolfplatz sowie einen Klettergarten finden hier sportlich Ambitionierte.

Turismo Val di Fassa ➡ H11
– Strèda Dolomites 48
38031 Campitello di Fassa
✆ 04 62 60 96 20, www.fassa.com
– Piaz G. Marconi 5
38032 Canazei (TN)
✆ 04 62 60 96 00
– Strada Rezia 10
38039 Vigo di Fassa (TN)
✆ 04 62 60 97 00

Val di Fassa Golf Club ➡ H11
Via Dolomiti 33
Campitello di Fassa
✆ 335 606 34 99
valdifassagolf.wordpress.com
In den Monaten Juli und August bieten Profis Kurse an.

Aquarena Dòlaondes
➡ H12
Strèda del Piz 7, Canazei
✆ 04 62 60 13 48
www.dolaondes.it
Modernes Freizeitbad auf einer Fläche von 2400 m² mit verschiedenen Innen- und Außenpools, Sportbecken, Saunen- und Dampfbädern, Fitness, Kinderbereich, Ruhezonen, Gastronomie etc.

El Binocol ➡ H12
Im Hotel La Caccíatora
De Contrin Str. 26, Alba di Canazei
✆ 04 62 60 14 11
lacacciatora.it/de/gourmet.html
Stimmungsvolle Hausbrauerei mit schmackhaften Pizzen. €€

Gadertal/Alta Badia

➡ E–G13

Im Gadertal mit den Hauptorten **Corvara** ➡ G13 und **Stern** ➡ F13 ist der ladinische Einfluss sehr stark zu spüren, aber auch das Italienische hat hier mehr Bedeutung als anderswo in Südtirol. So ist das Gadertal wesentlich bekannter unter seinem ladinischen Namen Alta Badia, und der Wintersportort **Stern** – Austragungsort des Weltcup-Riesenslaloms der Männer am Piz La Ila im Dezember – unter Skifans als italienisches La Villa in aller Munde. Sämtliche Orts- und Straßenschilder sind dreisprachig.

In den letzten Jahren hat die ladinische Kultur wieder einen stärkeren Aufschwung genommen. Der ladinische Kulturraum – rund vier Prozent der Südtiroler bezeichnen sich als Ladiner – konzentriert sich auf die fünf Täler Gröden, Gadertal, Fassatal, Ampezzo und Buchenwald rund um den Sellastock. Die Sprache selbst ist eine Art Vulgärlatein und zählt zu den rätoromanischen Sprachinseln. Gerade im Alta Badia sprechen die Einheimischen untereinander Ladinisch und die Sprache wird inzwischen auch wieder an den Schulen unterrichtet.

Den besten Einblick in Ladinien bietet das 8 **Museum Ladin** im mittelalterlichen Schloss Ciastel de Tor in **St. Martin in**

Ladinischer Herbst: Colfosco/Kolfuschg im Gadertal/Val Badia

Thurn ➡ E13. Außerdem gibt es hier noch einige alte ladinische *Viles* (Weiler) zu sehen.

Das Gadertal besticht durch sein großes Angebot für Aktivurlauber von Bergwandern über Klettern, Mountainbiking, Paragliding, Golf bis Tennis. So ist der Dolomiten-Radmarathon (www.maratona-dolomites.com), bei dem etliche Pässe zu überwinden sind, das größte Radrennen Südtirols. Corvara ist zudem regelmäßig Station beim Giro d'Italia.

Kunsthistorisch interessant, aber auch ein schönes Landschaftserlebnis ist der Besuch der **Wallfahrtskirche Heiligkreuz** ➡ F13 vor der eindrucksvollen Kulisse des Heiligkreuzkofels. Die sehenswerte Rokokokirche ist mit einem Sessellift ab **Pedratsches** ➡ F13 zu erreichen.

Richtig voll wird es im August, wenn sich *tutto Milano* auf den Weg in die Berge macht. Freie Zimmer sind dann nicht mehr zu bekommen, man fährt Kolonne und auf den Pässen ist alles zugeparkt.

Tourist Information ➡ G13
Col Alt Str. 36
I-39033 Corvara in Badia
✆ 04 71 83 61 76
www.altabadia.org
Büros in allen Gemeinden.

8 **Museum Ladin Ćiastel de Tor** ➡ E13
Torstr. 65, St. Martin in Thurn
✆ 04 74 52 40 20
www.museumladin.it

Ausstellungsraum im Museum Ladin in St. Martin in Thurn

Ticket gilt auch für das Museum Ladin Ursus ladinicus
Museum zur Geschichte und Kultur Ladiniens.

Museum Ladin Ursus ladinicus ➡ G13
Dorf 21, St. Kassian
✆ 04 74 52 40 20
www.museumladin.it
Im Fraktionshaus ist das Museum der ladinischen Kultur untergebracht: Volkskundliches, Geologie und die Überreste des *Ursus spelaeus* (Höhlenbär).

La Stüa de Michil ➡ G13
Col Alt Str. 105, Corvara
✆ 04 71 83 10 00
www.lastuademichil.it/de
Das Gourmetrestaurant im Hotel »La Perla« trägt zu Recht einen Michelin-Stern. €€€

Ladiner

Exakt 4,53 Prozent der Bürger Südtirols zählen sich nach der letzten Volkszählung zur ladinischen Sprachgruppe, nach Deutsch und Italienisch die dritte offizielle Sprache der autonomen Provinz. Gesprochen wird die »vulgärlateinische Restsprache« von den Ladinern, die überwiegend in den fünf Dolomiten-Tälern Gröden und Gadertal in Südtirol, Fassatal in Trentino sowie Buchenstein und Cortina d'Ampezzo in Venetien leben und seit 1972 Minderheitenrechte genießen. Nach wie vor ist ihre Kultur lebendig und wird etwa vom ladinischen Kulturinstitut Micurà de Rü in St. Martin in Thurn, wo sich auch das ladinische Museum befindet, gepflegt. Vor allem viele junge Leute sprechen inzwischen bewusst wieder die Sprache ihrer Vorfahren.

Pension Edelweiß ➡ G13
Centro 126
St. Kassian
✆ 04 71 84 95 38
www.pensionedelweiss.it
Die anheimelnde Pension im Ortszentrum verfügt über eine eigene Konditorei. €–€€

Enothek im Hotel La Majun ➡ F/G13
Str. Colz 59, La Villa
✆ 04 71 84 70 30
www.lamajun.it
Sehr gemütliche Weinbar mit erstklassig bestücktem Keller in edlem Hotel .

Golfclub Alta Badia ➡ G13
Strada Planac 9, Corvara
✆ 04 71 83 66 55
www.golfaltabadia.it
Der Golfplatz oberhalb von Corvara (9-Loch) ist einer der schönsten Alpengolfplätze.

Ausflugsziele:

Von **St. Kassian** ➡ G13 führt die gut ausgebaute Bundesstraße über Valparola- und Falzarego-Pass hinüber in die Olympiastadt von 1956, **Cortina d'Ampezzo** ➡ G15, eine der bedeutendsten Wintersportmetropolen der Alpen, allerdings schon nicht mehr auf Südtiroler Gebiet.

Die Strecke passiert den wunderschönen Skiberg **Lagazuoi** ➡ G14, auf den eine Gondel hinauffährt. Im Ersten Weltkrieg verlief an diesem Berg die Alpenfront. Italienische und österreichische Truppen durchlöcherten den gesamten Berg mit kilometerlangen Stollen, Schützengräben und Unterständen und lieferten sich einen verlustreichen Stellungskrieg.

Heute ist der 2835 Meter hohe Lagazuoi ein Freilichtmuseum, in dem die Stellungen auf gut gekennzeichneten Wegen besichtigt werden können.

Ein Skiparadies in den Dolomiten: am Monte Cristallo oberhalb von Cortina d'Ampezzo

Grödnertal/Val Gardena

➡ F/G10–12

Das Grödnertal ist ein ca. 30 Kilometer langes Seitental des Eisacktals, das sich von Waidbruck weit hinaufzieht in die Südtiroler Dolomiten bis zum Sellastock und zum Grödnerjoch. Über den Eingang zum Grödnertal wacht bei Waidbruck die im 12. Jahrhundert errichtete **Trostburg** ➡ F10. Im 14. und 15. Jahrhundert erweitert, wurde das Residenzschloss mit Festungscharakter während der Renaissance umgebaut. Zu Füßen eines der bekanntesten Dolomitenberge, des Langkofels, liegen die drei Grödner Gemeinden **St. Ulrich**, **St. Christina** und **Wolkenstein** ➡ G11/12.

Bekannt geworden ist St. Ulrich auch durch Luis Trenker, den Schauspieler und Filmemacher, der übrigens im Ausland viel berühmter ist als in Südtirol und der auf dem Friedhof von St. Ulrich begraben liegt. Im **Museum Gherdëina** (lad. Gröden) ist ihm eine eigene Abteilung gewidmet. Ein anderer Schwerpunkt des Museums ist die über 300 Jahre alte Holzschnitzkunst-Tradition im Tal. Aus Zirbelholz schnitzen die Grödner Holzschnitzer Heiligenfiguren aller Art, Kinderspielzeug und vieles mehr, das in zahlreichen Souvenirläden verkauft

Büste von Luis Trenker im Museum de Gherdëina in St. Ulrich

Wandern im Grödnertal

wird. Der überwiegende Teil wird allerdings per Maschine gefräst und nicht von Hand geschnitzt.

Es wird viel gefeiert im Grödnertal. Im Sommer sind es eher traditionelle Veranstaltungen wie die »Grödner Musikwochen« oder das große Folklorefest »Gröden in Tracht« am ersten Sonntag im August. Im Winter geht es vor allem beim Après-Ski in den Hütten und an den Schneebars richtig rund. Denn Gröden liegt mitten im Liftverbund **Dolomiti Superski** und direkt an der Sellarunde. Sportlicher Höhepunkt jeder Saison ist die Herren-Weltcup-Abfahrt auf der berühmten Saslong-Piste in St. Christina am zweiten Dezemberwochenende.

Tourist Information ➡ G11
– Streda Chemun 9
39047 St. Christina
✆ 04 71 77 78 00
www.valgardena.it
Weitere Büros in Wolkenstein und St. Ulrich.

GardenaCard
www.gardenacard.com
Im Sommer ermöglicht die GardenaCard die Benutzung aller geöffneten Seilbahnen sechs Tage lang

Exklusiv für Gäste der Mitgliedsbetriebe der Grödner Tourismusvereine: Kostenlose Nutzung aller Busse mit der Val Gardena Mobil Card.

Museum Gherdëina ➡ G11
Reziastr. 83
St. Ulrich
✆ 04 71 79 75 54
www.museumgherdeina.it
Museum zur Geschichte des Grödnertals.

Rifugio Comici ➡ G12
Plan de Gralba 2
Wolkenstein
✆ 04 71 79 41 21
www.rifugiocomici.com
Bei Ski fahrenden Genießern schon legendäre Skihütte auf der Sellaronda. €€–€€€

Corso ➡ G11
Reziastr. 74, St. Ulrich
✆ 04 71 79 62 69
www.cafecorso.com
Nettes Café im Ortszentrum.

Sellarunde ➡ G12
Ein Skifahrklassiker, seit 1998 auch für Wanderer im Sommer möglich, ist die Umrundung des Sellastocks, die man, dank Liften und öffentlichen Verkehrsmitteln, innerhalb eines 7- bis 8-stündigen Tagesausflugs schaffen kann.

Vereinigung der Grödner Bergführer ➡ G12
Nivesplatz 2
Wolkenstein in Gröden
✆ 04 71 79 41 33
www.gardenaguides.it
Wanderungen, Kletterkurse, Klettersteig- und Gletschertouren.

Impression aus Wolkenstein

9 Rosengarten-Latemar

➡ H–I10/11

Von Bozen führt die Große Dolomitenstraße durch das Eggental zum Rosengartengebiet und hinauf zum **Karerpass** ➡ I10, der Provinzgrenze zum Trentino. Der in der Abendsonne rot glühende Gebirgsstock des **Rosengartens** ➡ H10/11 wird auch als »Laurins Reich« bezeichnet. Der Sage nach befand sich hier der Rosengarten des Zwergenkönigs Laurin.

Wie ein verwunschener Ort wirkt auch der vielbesuchte **Karersee** ➡ I10, in dessen Wasser sich die schroffen Zacken des Latemar spiegeln. Ganz besonders schön ist es nach der Schneeschmelze, wenn der See seine größte Ausdehnung erreicht; in

Der türkisfarbene Karersee unterhalb des Karerpasses, im Hintergrund die Bergkämme des Latemar

Widerkäuer vor der Kulisse des Rosengarten-Massivs

den trockenen Monaten gleicht er manchmal nur noch einem Tümpel.

Rosengarten und Karersee faszinierten schon Ende des 19. Jahrhunderts die High-Society, die zahlreich in das damals neu erbaute Grandhotel reiste, darunter auch Kaiserin Sisi, deren Lieblingsspazierweg ausgeschildert ist.

Das Gebiet um Welschnofen und Karerpass ist ebenso wie **Obereggen** ➡ I10 am Latemar im Winter Teil des Dolomiti Superski. Von Obereggen gibt es eine Liftverbindung über Pampeago bis nach Predazzo (obereggen.com). Doch die zahlreichen Liftanlagen machen im Sommer auch den Kletterern – fünf Klettersteige am Rosengarten –, Bergwanderern und Bikern das Leben leichter. Im Sommer 2014 wurde zudem das **Latemarium** eröffnet – mit Themenwegen und der spektakulären Aussichtsplattform **latemar.360°** in Schneckenoptik. Ambitionierte Gäste erreichen das Latemarium vom Ort Obereggen auf einer gut einstündigen Wanderung. Wer es entspannt angeht, schwebt die 500 Höhenmeter im Sessellift Obereggen–Oberholz hinauf. Obereggen ist eine Fraktion von Deutschnofen, das auf dem »Regglberg« oberhalb des Eggentals liegt. Die **Pfarrkirche** von **Deutschnofen** ➡ I9 beherbergt ein wertvolles Kunstwerk aus der Gotik, vier geschnitzte Relieftafeln des Meisters Hans von Judenburg.

Ein schöner Spaziergang führt durch Wald und Wiesen vom Ort zum Kirchlein **St. Helena** ➡ I9. Das Gotteshaus ist bekannt für Fresken aus der Bozner Schule um 1500, die Szenen aus dem Alten und Neuen Testament zeigen. Oberhalb von Petersberg bei Deutschnofen pilgern die Gläubigen zu Südtirols berühmtestem Wallfahrtsort, dem auf einem Hügel mit schöner Rundumsicht gelegenen **Maria Weißenstein** ➡ I9. Der alte Pilgerweg führt von Welschnofen über Birchabruck zu der großen Klosteranlage.

i Tourist Information ➡ H10
Dolomitenstr. 4
I-39056 Welschnofen/Nova Levante
✆ 04 71 61 95 20
www.eggental.com

Heimatmuseum Steinegg
➡ H9
Kirchplatz, Steinegg
✆ 04 71 61 95 60
www.museumsteinegg.com
Interessante Ausstellung über drei Etagen: lebensgroße Figuren in Trachten, Gebrauchsgegenstände des täglichen Lebens, Schmuck, Bauernküche sowie -stube u. a.

Pfarrkirche ➡ I9
Pfarrkirche Deutschnofen
Deutschnofen
Die Pfarrkirche St. Ulrich aus der spätgotischen Kunstepoche besitzt den ersten in Tirol bekannten Flügelaltar. Die vier holzgeschnitzten Relieftafeln erzählen Geschichten aus dem Marienleben.

St. Helena ➡ I9
Westlich von Deutschnofen am Regglberg
Die Kirche aus dem 12. Jh. beherbergt eindrucksvolle gotische Fresken der Bozner Schule. Die Fresken stellen Szenen aus dem Alten und dem Neuen Testament dar.

Sternwarte Max Valier ➡ H9
Gummer 13, Karneid
✆ 04 71 61 00 20
www.sternwarte.it
www.planetarium.bz.it
Tel. Anmeldung erforderlich
Südtirols einzige Sternwarte, mit Planetenweg und Sonnenobservatorium sowie einer Sonnenuhr in Form eines Erdballs.

Hotel Sonnalp ➡ I10
Obereggen
✆ 04 71 61 58 42
www.sonnalp.com

Ein belebendes Südtiroler Heubad kann man auch im Hotel Sonnalp in Obereggen genießen

Gourmetstube mit vielfach ausgezeichneter Küche im Wellnesshotel direkt an der Piste. €€€

Residence Grand Hotel Carezza ➡ I10
Via Carezza 141
Welschnofen
✆ 04 71 61 85 08
Das ehrwürdige Grandhotel aus dem 19. Jh. war einst beliebte Sommerresidenz von Kaiserin Sisi.

Das ehrwürdige Grand Hotel Carezza am Karerpass

Golf Club Carezza ➡ H10
Via Carezza 171
Welschnoven/Nova Levante
✆ 04 71 188 81 67
www.golfandcountry.it
Golfen (9-Loch) am sagenumwobenen Rosengarten. Einen 18-Loch-Platz gibt es in Petersberg (golfclubpetersberg.it).

Südtirols Süden

Gleich hinter Bozen beginnt Südtirols Süden. Die Berge sieht man nur in der Ferne, dafür stehen die Weinreben zwischen den schmucken Dörfern dicht an dicht – ebenso die Ansitze, von denen viele ein Hotel, Restaurant oder Weingut beherbergen. Der Süden ist Genießerland: An guten Tropfen herrscht ebenso wenig Mangel wie an Restaurationen, die schmackhafte Kost auftischen.

Eppan/Appiano ➡ H7/8

Eppan ist der Mittelpunkt der südlich von Bozen gelegenen Region Überetsch und das größte zusammenhängende Weinanbaugebiet Südtirols. Die Großgemeinde besteht neben dem Verwaltungssitz St. Michael aus mehreren kleineren Orten wie Girlan, St. Pauls und Missian. Doch Eppan ist nicht nur das Land des Weins – Kultwein ist der Chardonnay aus der Reihe Sanct Valentin der Kellereigenossenschaft St. Michael/Eppan –, sondern auch der Burgen, Schlösser und Herrenhäuser. Über hundert drängeln sich in dem malerischen Landstrich, etliche von ihnen dienen Besuchern als komfortable Herbergen. Im 17. Jahrhundert muss es ob der vielen Aus- und Umbauten einen regelrechten Bauboom gegeben haben.

Inmitten von Rebhügeln: Eppan in der Region Überetsch

Eine der eindrucksvollsten Burganlagen, **Burg Hocheppan** ➡ H7 oberhalb von Missian, stammt im Kern jedoch bereits aus dem 12. Jahrhundert – sehenswert sind die Wandmalereien aus dieser Zeit in der Burgkapelle – und wurde in den folgenden Jahrhunderten mehrmals erweitert. Die Fresken sollen übrigens u. a. eine der ältesten Abbildungen der Nationalspeise Knödel darstellen.

Burg Hocheppan ist Teil des klassischen **Burgendreiecks** (Drei-Burgen-Wanderweg ca. 3 Stunden) oberhalb von Missian; die beiden anderen Eckpunkte sind das 1235 erbaute **Schloss Boymont** (heute Ruine) und das **Schloss Korb** ➡ H7/8, das ein Luxushotel mit Nobelrestaurant beherbergt. Auch **St. Pauls** ➡ H7 besitzt eine besondere Sehenswürdigkeit, den sogenannten »Dom auf dem Lande«. Die prächtige, spätgotische Pfarrkirche mit ihrem von einer Zwiebelhaube gekrönten, 86 Meter hohen Turm zeigt, dass St. Pauls im 16. Jahrhundert eine der reichsten Gemeinden war.

Im Sommer ist der **Montiggler See** ➡ H8, oberhalb von Eppan reizvoll im Wald gelegen, ein beliebtes Ausflugs- und Badeziel.

Umgeben von einer mediterranen Landschaft aus Weinreben, Wald und Obstwiesen: der Kalterer See

Tourist Information ➡ H7/8
Bahnhofstr. 7
I-39057 Eppan a. d. Weinstrasse
✆ 04 71 66 22 06
www.eppan.com

Hotel Schloss Korb ➡ H8
Hocheppanerweg 5
Missian/Eppan
✆ 04 71 63 60 00
www.schloss-hotel-korb.com
Top-Restaurant – Menü mit Kräutern aus dem Schlossgarten – und Weinkeller mit 35 000 Flaschen im stilvollen Schlosshotel. €€€

Zur Rose ➡ H8
Josef Innerhoferstr. 2
St. Michael/Eppan
✆ 04 71 66 22 49
www.zur-rose.com
Eppans bestes Restaurant mit innovativer Küche im historischen Ambiente eines Gebäudes aus dem 12. Jh. €€€

Weinbar Allegra ➡ H7
Unterrainerstr. 24, St. Pauls/Eppan
✆ 04 71 66 21 87, www.facebook.com/allegra.weinbar
Gute Weine und Gerichte im romantischen Innenhof. Im Herbst Törggelenkeller.

Kaltern/Caldaro ➡ I7/8

Hauptattraktion des malerischen Weindorfs ist vor allem im Sommer der **Kalterer See** ➡ I8. Mit einer Fläche von 1,4 Quadratkilometern ist er der größte natürliche See Südtirols und mit seiner Wassertemperatur von bis zu 28 Grad einer der wärmsten Seen der Alpen mit guten Bade- und Wassersportmöglichkeiten. Allerdings wird es in der Saison dementsprechend voll. Das gilt auch für die Altstadt mit dem Marktplatz – sehenswert ist die klassizistische Pfarrkirche an der Ostseite – und die malerische Marktgasse, die Einheimische und Touristen zum Bummeln einlädt.

Um den nicht immer besonders guten Ruf des örtlichen Standardweins Kalterersee zu verbessern, hat man eine Qualitätsoffensive mit dem Signet »wein.kaltern« (wein.kaltern.com) gestartet. Für den Besucher erweist sich als nützlich, dass Restaurants und Schankbetriebe, die den Qualitätsstandard erfüllen, mit einem roten Punkt gekennzeichnet sind. Lohnenswert ist ein Spaziergang auf dem Weinweg, der vom Dorfzentrum zum Kalterer See führt.

Tourist Information ➡ I7/8
Marktplatz 8
I-39052 Kaltern
✆ 04 71 96 31 69
www.kaltern.com

Südtiroler Weinmuseum ➡ I7
Goldgasse 1, Kaltern
✆ 04 71 96 31 68
www.weinmuseum.it
Das offizielle Weinmuseum des Landes Südtirol mit Exponaten zur Geschichte des Weinbaus.

Spuntloch ➡ I7
Goldgasse 35, Kaltern
✆ 04 71 96 10 62
www.spuntloch.it
Grillrestaurant im alten Kellergewölbe. €€

Gretl am See ➡ I7
Kalterer See, Kaltern
✆ 04 71 96 02 73
www.gretlamsee.com
Badeanstalt, Surfschule, Restaurant, Café, Hotel, gute Küche.

Ausflugsziel:

Mendelpass ➡ I7
St. Anton 58, Kaltern
✆ 04 71 45 01 11
www.kaltern.com
Eine Standseilbahn führt von Kaltern-St. Anton (513 m) hinauf zum Mendelpass (1363 m). Die Bahn wurde bereits 1903 eröffnet. In nur zwölf Minuten bewältigt die Bahn einen Höhenunterschied von 850 m auf einer Strecke von 4,5 km und Steigungen von über 60 Prozent. Auf dem Mendelpass laden Wiesen und Wälder zu ausgedehnten Spaziergängen ein.

Neumarkt/Egna ➡ J8

Im Unterland, auf der östlichen Seite der Etsch liegt Neumarkt. Der Ort gefällt durch seinen vorbildlich sanierten Ortskern mit beeindruckenden Bürgerhäusern, schönen Innenhöfen und schattigen Laubengängen, die zu einem Spaziergang einladen. Überragt wird der Markt von der Burgruine Kaldiff. Zusammen mit den Nachbarorten **Auer** und **Montan** ➡ I8 – sehenswert sind die hervorragend erhaltene Burg **Schloss Enn** und die **Stephanskirche** mit dem Hans-Klocker-Altar – hat sich Neumarkt

Die Mendelbahn auf dem Weg zum Mendelpass

Der Wanderer im Naturpark Trudner Horn wird für die Anstrengungen vielleicht sogar mit dem Anblick eines Steinbocks belohnt

zur Ferienregion Castelfeder zusammengeschlossen. Der **Castelfeder** ➡ I8, ein 405 Meter hoher, malerischer Burghügel, auch das Arkadien Tirols genannt, ist der Mittelpunkt dieser Region und mit seiner submediterranen Pflanzenwelt, den Mauerresten und dem Traumblick über das Etschtal beliebtes Ausflugsziel. Ein Eldorado für Wanderer ist der nahegelegene Naturpark Trudner Horn, der kleinste Südtiroler Naturpark, aber einer mit einer traumhaften Landschaft und vielfältiger Flora und Fauna. Gut zu betrachten im **Naturparkhaus** in **Truden** ➡ J8. Der Ort ist ebenso wie die kleinen Ferienorte **Aldein** ➡ I8 und **Radein** ➡ I9 fast noch ein Geheimtipp.

Eine schöne Wandertour führt bei Aldein zum GEOPARC Bletterbach in die **Bletterbachschlucht** ➡ J8, Südtirols Grand Canyon und UNESCO-Welterbe. Auf den Spuren Albrecht Dürers, der hier 1494 auf seiner Reise von Nürnberg nach Italien verweilte, kann man in sieben Etappen wandern. Der Weg führt vom Klösterle in Neumarkt über Buchholz bei **Salurn** ➡ K7, den südlichsten Ort Südtirols und zugleich Sprach- und Verwaltungsgrenze, ins **Cembratal** ➡ K7. Über Salurn thront die Ruine der Haderburg, erreichbar über einen Weg vom südlichen Dorfrand. In Salurn endet bzw. beginnt auch die Südtiroler Weinstraße (www.weinstrasse.com).

Tourist Informationen ➡ I8
– Hauptplatz 5, I-39040 Auer
✆ 04 71 81 02 31
www.castelfeder.info
– Laubengasse 28
I-39044 Neumarkt
✆ 04 71 81 23 73
Mit Fahrradverleih.

Museum für Alltagskultur ➡ J8
Andreas-Hofer-Str. 50
Neumarkt
✆ 03 33 239 45 40
www.museum-alltagskultur.it
Exponate eines bürgerlichen Haushalts im 19./20. Jh.

Krone ➡ I8
Dorfplatz 3, Aldein
✆ 04 71 88 68 25
www.gasthof-krone.it
Traditionsreiches Haus mit gradliniger Tiroler Küche und einigen Zimmern. €€

Johnson & Dipoli ➡ J8
Andreas-Hofer-Str. 3
Neumarkt
✆ 04 71 82 03 23
johnson-dipoli.it
Die erstklassige Vinothek ist eine Institution in Südtirol.

Terlan/Terlano ➡ G7/8

Terlan liegt wenige Kilometer nordwestlich von Bozen im Herzen des Etschtals und markiert die nördliche Grenze von Südtirols Süden. Im Frühjahr ist für viele Bozner der Besuch der Gemeinde ein Muss, denn dann ist Spargelzeit und der Terlaner Spargel, begleitet von einem fruchtigen Sylvaner, ist ein großer Genuss. Bekannt ist Terlan zudem durch die hoch über dem Ort thronende, mächtige Ruine der **Burg Neuhaus** ➡ G8. Im Volksmund wird sie »die Maultasch« genannt – nach Margarethe, der letzten Landesherrin von Tirol, die wegen ihres losen Mundwerks wohl den Beinamen »Maultasch« trug und deren Lieblingssitz die Burg angeblich war. Sehenswert ist außerdem die **Pfarrkirche** mit einem Freskenzyklus der Bozner Schule aus dem 14. Jahrhundert.

Tourist Information ➡ G7
Dr.-Weiser-Platz 2, I-39018 Terlan a. d. Weinstrasse
✆ 04 71 25 71 65, www.terlan.info

Eine gute Wahl an der Weinstraße ist der **WinePass**(www.suedtiroler-weinstrasse.it), der bei der Übernachtung in einer der WinePass-Unterkünfte kostenlos ausgegeben wird. Er beinhaltet Ermäßigungen u. a. bei Kellereibesichtigungen, Verkostungen etc. sowie beim Besuch von Museen und Burgen. Zudem ist die kostenfreie Benutzung der öffentlichen Verkehrsmittel in ganz Südtirol enthalten.

Tramin/Termeno ➡ I7/8

Tramin an der Weinstraße ist als Heimat der Gewürztraminer-Rebe, die inzwischen bis in kalifornische Anbaugebiete verbreitet ist, einer der bekanntesten Südtiroler Weinorte. Hier dreht sich (fast) alles um den Wein, natürlich auch bei Festen, so etwa im Oktober beim »Traminer Weingassl«,einem Höhepunkt im Veranstaltungkalender. Beste Stimmung herrscht in den Gassen und Kellern der kleinen, pittoresken Altstadt auch beim Fasching.

Ruine von Burg Neuhaus bei Terlan

Eine herrliche Aussicht über Tramin kann man auf dem Weg entlang der Weingute genießen

In einem historischen Bauernhaus im Zentrum findet sich das **Dorfmuseum Tramin**, das allerlei bäuerliches Gerät und Handwerkszeug aus alten Zeiten zeigt. Oberhalb von Tramin, erreichbar in einem viertelstündigen Spaziergang, liegt die kleine Kirche von **St. Jakob in Kastelaz** ➡ I7. Die »Bestiarien« genannten Malereien aus dem 13. Jahrhundert in der Apsis sind einzigartig und eine kunsthistorische Sehenswürdigkeit ersten Ranges. Sie zeigen skurrile, miteinander kämpfende Fabelwesen, teils Mensch, teils Tier mit Hörnern, Fischflossen und -schwänzen oder Hundeköpfen.

Tourist Informationen
– Mindelheimerstr. 10 A ➡ I7/8
I-39040 Tramin a. d. Weinstrasse
✆ 04 71 86 01 31
www.tramin.com
– Hauptmann-Schweiggl-Platz 8 ➡ J7
I-39040 Kurtatsch a. d. Weinstrasse
✆ 04 71 88 01 00
www.suedtiroler-unterland.it

Dorfmuseum Tramin ➡ I7/8
Rathausplatz 9
Tramin
✆ 03 28 560 36 45
www.hoamet-tramin-museum.com
Das Museum erzählt vor allem vom Weinbau, der Land- und Hauswirtschaft sowie dem Handwerk im Unterland.

St. Jakob in Kastelaz ➡ I7
St. Jakob, Tramin
www.tramin.com
In der kleinen, auf einem Hügel über dem Ortskern thronenden St.-Jakobs-Kapelle befindet sich eines der bekanntesten Kunstwerke Südtirols: ein sehr gut erhaltener romanischer Freskenzyklus aus der Zeit um etwa 1220. Seltsame Mischwesen aus Mensch und Tier bevölkern die Wand des Altarraumes.

Schwarzadler ➡ J7
Schweiggl Platz 1
Kurtatsch
✆ 04 71 09 64 05
www.schwarzadler.it

Im ältesten Gasthaus des Ortes wird gehobene Südtiroler Küche in historischem Ambiente serviert. €€–€€€

Kellereien in Tramin ➡ I7/8
Exzellente Adressen u. a. für Gewürztraminer sind **J. Hofstaetter** (www.hofstatter.com), **Kellerei Tramin** (Weinstr. 144, www.tramin-wine.it) und **Castel Ringberg** von Elena Walch (A. Hofer Str. 1, www.elenawalch.com).

Roner Schnapsbrennerei-Detailverkauf ➡ I7/8
O.-v.-Wolkenstein-Str. 10, Tramin
✆ 04 71 86 40 00
www.roner.com
Ausgezeichnete Grappas, Fruchtdestillate und Liköre.

Spezialitätenbrennerei Psenner ➡ I7/8
J.-v.-Zallinger-Str. 28, Tramin
✆ 04 71 86 01 78
www.psenner.com
Herausragende Edelobstbrände seit 1947, der Grappa hat mehrfach Preise gewonnen.

Ausflugsziele:

Kurtatsch und Margreid
➡ J7
Südlich von Tramin liegen die beiden hübschen Weindörfer Kurtatsch und Margreid an der Weinstraße. Sie gehören bereits zum Südtiroler Unterland. In Margreid, in der Grafengasse, gleich neben dem Herrensitz Löwengang des renommiertesten Südtiroler Winzers Alois Lageder, wächst die älteste Rebe Südtirols. Sie wurde bereits 1601 gepflanzt. Lageders biodynamisch ausgebaute Weine kann man in der Vineria Paradeis am St.-Gertraud-Platz verkosten:

Vineria Paradeis ➡ J7
St.-Gertraud-Platz
Margreid
✆ 04 71 80 80 80
paradeis-aloislageder.eu
Weine des bekannten Winzers Alois Lageder sowie leichte Südtiroler Mittagsgerichte. Geführte Verkostungen auf Anfrage. Schöner Garten.

Die Heimat der Gewürztraminer-Rebe ist Tramin südlich des Kalterer Sees

Südtirols Weine

Südtirol präsentiert sich zunehmend als aufstrebende Weinregion, die das vormals schlechte Image längst abgelegt hat. Dafür gesorgt haben renommierte Weingüter wie die Kellereien Tramin, Cantina Terlan, Kellerei St. Michael, Elena Walch oder J. Hofstätter. Sie gefallen nicht nur mit internationalen Reben, sondern auch mit heimischen roten Trauben wie Vernatsch, einem leichten, unkomplizierten und frischen Rotwein – der klassische Begleiter der herzhaften Südtiroler Küche –, oder dem gehaltvolleren Lagrein. Bei den Weißweinen sind es in erster Linie Pinot Grigio, Weißburgunder, Chardonnay und Sauvignon Blanc, die neben dem Gewürztraminer Südtirol zu einem der führenden Weißweingebiete Italiens machen. Dabei haben die Weine auch bedingt durch die Alpenlage eine ganz eigene Stilistik. Spitzenwinzer wie Alois Lageder und Rainer Loacker sind zudem Pioniere des biologischen Weinbaus, nicht nur in Südtirol.

Seit dem 12. Jahrhundert überragt von der Burg: Arco

Trentino/Trient

Die Autonome Provinz grenzt im Norden an der Salurner Klause an Südtirol. Zusammen bilden sie die autonome Region Südtirol-Trentino. Obwohl noch Teile der Dolomiten mit bekannten Skigebieten wie dem Fassatal oder Madonna di Campiglio zu der gebirgigen Provinz gehören, so herrscht im Trentino klimatisch, atmosphärisch und auch kulinarisch doch schon eindeutig eine südliche Atmosphäre. Neben der Hauptstadt Trient und den Dolomiten ist es vor allem der Gardasee mit pittoresken Orten wie Arco, Riva und Torbole, der die Besucher anzieht.

Arco ➡ N4/5

Das für sein mildes Klima bekannte Städtchen Arco liegt nur fünf Kilometer vom Nordufer des Gardasees entfernt im Schatten einer mächtigen, restaurierten **Burg** aus dem 12. Jahrhundert. Der fantastische Ausblick, aber auch der am Weg liegende, schöne botanische Garten lohnen den Aufstieg.

Die Altstadt mit ihren malerischen Ecken wird von der sehenswerten **Stiftskirche**, einem Spätrenaissancebau, beherrscht. Gleich neben der Stiftskirche befindet sich der mit Fresken eines unbekannten Künstlers geschmückte **Palazzo Marchetti**. Um den Hauptplatz 3 Novembre gruppieren sich prächtige Paläste wie das heutige **Rathaus**, der **Palazzo Giuliani** und der **Palazzo Plateola** in der Via Vergolano. In dieser Straße steht auch die Villa des Erzherzogs Albert von Österreich, die dieser sich 1873 in einem Garten der Grafen von Arco errichten ließ.

Schon seit Mitte der 1980er Jahre hat sich Arco zu einem Treffpunkt der internationalen Kletterszene entwickelt, die an

Arco gilt als eines der Top-Kletterzentren der Region Trentino-Südtirol

der Arco überragenden **Colodri-Wand** ihr Können erprobt. Viele Kletterschulen führen in Arco ihre Kurse durch. Höhepunkt der sommerlichen Klettersaison ist das im September im eigens errichteten Kletterstadion stattfindende Turnier Rock Master, das Wimbledon der Kletterer.

Tourist Information ➡ N5
Via delle Palme 1
I-38062 Arco
✆ 04 64 53 22 55
www.gardatrentino.it

Rock Master ➡ N4/5
Kletterstadion, Arco
✆ 04 64 51 27 69
www.rockmasterfestival.com
Internationale Meisterschaft der Kletterer Anfang September.

⑩ Riva del Garda ➡ O4

Dort, wo im Norden der Gardasee endet und die Brenta-Dolomiten den Ort schützend umgeben, liegt Riva del Garda und vereinigt in seinen Mauern tausendjährige Geschichte, Tradition und Modernität, mediterrane Atmosphäre, Kultur, Gastfreundschaft und Tourismus. Das Stadtzentrum rund um den lebhaften Treffpunkt **Piazza III Novembre** ist zum See hin ausgerichtet und noch ganz vom Mittelalter bestimmt. Begrenzt wird der Platz mit seinen Geschäften, Cafés und Restaurants von Bauwerken im lombardisch-venezianischen Stil. Hier stehen auch Rivas Wahrzeichen, der **Torre Apponale** – erst seit Kurzem kann man ihn über 165 Stufen wieder besteigen – und die **Palazzi Pretorio** und **Municipale**, das heutige Rathaus. Zum Schutz von Stadt und Seeufer erhebt sich nicht weit entfernt die Burg, **La Rocca**, im Jahre 1124 von den Bewohnern Rivas als Verteidigungsbastion errichtet. Von der Terrasse der Burgfestung hat man einen fantastischen Ausblick; in ihren Mauern lohnt das **Museo Civico** einen Besuch. Auch der Turm der Rocca kann erklommen werden.

Tourist Information ➡ O4
Largo Medaglie d'Oro al Valor Militare 5, I-38066 Riva del Garda
✆ 04 64 55 44 44
www.gardatrentino.it

Museo Alto Garda ➡ O4
Piazza Cesare Battisti 3
Riva del Garda
✆ 04 64 57 38 69
www.museoaltogarda.it

In einzigartiger Lage im Norden des Gardasees: Riva del Garda

Umgeben von steilen Gardasee-Bergen: Torbole

In der restaurierten, von einem Wassergraben umgebenen Stadtfestung, deren Ursprünge bis ins 12. Jh. zurückreichen, ist ein Museum mit drei Dauerausstellungen untergebracht. Die Pinakothek zeigt Landschaftsmalereien des Gardaseegebiets aus dem 19. Jh., die archäologische Abteilung präsentiert Fundstücke aus der Kupferzeit und die Räume der Geschichte zeigen den Wandel von Riva del Garda im Laufe der Jahrhunderte. Zudem werden Wechselausstellungen ausgerichtet und und es gibt einen eigenen Bereich für Kinder.

Leon d'Oro ➡ O4
Via Fiume 28, Riva del Garda
✆ 04 64 55 23 41
www.leondororiva.it
Beliebtes Restaurant und Pizzeria mit familiärer Atmosphäre in der Altstadt. €€

Trattoria al Graspo ➡ O4
Piazza Calderini 12
Riva del Garda
✆ 04 57 25 60 46
www.graspo.it
Keine Speisekarte, aber hervorragende, günstige Menüs, vom Chef in lockerer Atmosphäre serviert. €€

Ausflugsziele:

Bei Mountainbikern und Wanderern ist Rivas Hausberg, der **Monte Brione** ➡ O4 (376 m), ein beliebtes Ziel; und schon Österreichs Kaiser Franz Joseph genoss das Naturschauspiel des vier Kilometer von Riva entfernt liegenden **Varone-Wasserfalls** ➡ N/O4 (Regenschutz mitnehmen). Wer die Straße ca. 6 km weiter hinauffährt, kommt zum landschaftlich reizvollen **Tennosee** ➡ N4.

Torbole ➡ O4/5

Wer heute nach Torbole reist, will zumeist vor allem eines: Surfen. Und vielleicht noch Après-Surf, die launige Sommervariante des Après-Ski. Entsprechend viel Trubel herrscht in den Sommermonaten auf dem Wasser und in den Discos. Ein anderes Highlight ist das Jazzfestival im August in mehreren Orten, u. a. in Torbole. Das war Ende des 18. Jahrhunderts anders, als Johann Wolfgang von Goethe in Torbole Station machte – eine Gedenktafel am Haus Alberti am Hauptplatz Piazza Vittorio Veneto und eine Bronzebüste auf der Piazza Alpini erinnern daran.

Stürzt in der Nähe von Riva in die Tiefe: der Varone-Wasserfall

Ihn faszinierten wohl eher das südliche Licht, die Farben und die malerische Lage des Seestädtchens, das von den steilen Felsen des **Monte Baldo** umringt wird.

Tourist Information ➡ O4
Lungolago Conca d'Oro 25
I-38069 Torbole sul Garda
✆ 04 64 50 51 77
www.gardatrentino.it

Garda Jazzfestival
www.gardajazz.com
Festival im August mit Konzerten auch in Torbole.

Trient/Trento ➡ L/M6/7

Bis heute trifft zu, wie der römische Kaiser Tiberius Claudius Augustus 46 n. Chr. das einige Jahrzehnte zuvor von seinen Landsleuten gegründete *Tridentum* nannte: *Splendidum Municipum* – strahlende Provinzstadt. Trient, heute Hauptstadt des Trentino, hat sich seinen Glanz bewahrt. Besser gesagt wurde dieser dank der Restaurierungen vieler historischer Gebäude der Altstadt wieder hergestellt. »Alpine Kunststadt«, »Renaissancestadt«, »Stadt der Malereien«, ob seiner jahrhundertelangen Nord-Süd-Brückenlage »Stadt zwischen italienischer und mitteleuropäischer Kultur« wird die vom Hochgebirge umrahmte Stadt genannt.

Man muss kein ausgewiesener Kunstexperte sein, um beim Bummel durch das dichte Netz aus Gassen, Straßen und kleinen Plätzen den Reichtum Trients zu erkennen – Mittelalter, Renaissance und Barock sind bis heute lebendig.

Kunstbeflissene Fürstbischöfe waren es, die die Stadt 800 Jahre lang regierten, erweiterten und zum Sitz eines der bedeutendsten ökumenischen Konzile der katholischen Kirche machten. Im 16. Jahrhundert mit seiner sich bereits abzeichnenden Renaissance blühte Trient auf. Bernardo Clesio (1485–1539), Oberhaupt des Fürstbistums, Kunstfreund und Mäzen, verschönerte die Stadt mit freskenverzierten Häusern und holte die besten Künstler nach Trient.

Besonders augenfällig sind die Freskenmalereien der prächtigen Palazzi in der Via Belenzani, die vom luftigen **Domplatz** ➡ dC2 mit dem barocken **Neptunbrunnen** und der gotisch geprägten **Kathedrale San Vigilio** – die große Rosette am Querschiff wird auch Glücksrad genannt – abgeht und zu den schönsten, farbigsten Straßen der Stadt zählt. Hier besticht unter anderem der **Palazzo Thun** ➡ dB2, vier Jahrhunderte lang Stadtwohnsitz der Thuns, eine der einflussreichsten Familien.

Bernardo Clesio erweiterte auch das **Castello del Buonconsiglio** ➡ dB3, das stolz über der Altstadt thront und über mehrere Jahrhunderte Sitz der Fürstbischöfe von Trient war, um den von Fresko, Stuck und Statuen strotzenden Magno Palazzo. Heute sind in dem mit Zinnen bestückten Castello das **Landeskunst-** und Teile des **Historischen Museums** untergebracht. Am beeindruckendsten aber ist für die Besucher der **Torre Aquila**, ein alter Schlossturm, in dem die von den Vergnügungen der Rittersleut und Arbeit der Bauern erzählenden Monatsbilder, eines der bedeutendsten Beispiele mittelalterlicher Malerei, zu sehen sind.

Unweit des Buonconsiglio-Schlosses ist mit dem **Torre Verde** ➡ dA3 ein mittelalterlicher Wachturm erhalten. Hier wurde Geld für die fürstbischöfliche Kasse einkassiert, mussten doch Bootsleute für ihre Warenladungen im Flusshafen an der Etsch – das Gewässer wurde Mitte des 19. Jahrhunderts umgeleitet – Gebühren bezahlen. Nur einen Katzensprung ist es von der alten Zahlstelle zum über 300 Jahre alten **Palazzo Trautmannsdorf** ➡ dA/dB3 mit seinen grotesken Masken an den Fenstern und der **Via del Suffragio**. Bekannt für ihre Lauben, war die Straße der Mittelpunkt des deutschsprachigen Handwerks- und Händlerviertels.

Die Laubenstraße, die in die Via Manci und Via Roma übergeht, führt am »schnellstgebauten« Palast Trients vorbei zur üppig barock ausgestatteten **Kirche S. Francesco Saverio** ➡ dB2, an deren Fassade noch die Spuren eines mittelalterlichen Hauses zu entdecken sind. Aufgrund einer Wette mit dem Satan soll der **Palazzo Galasso** ➡ dB2, auch Teufelspalast genannt, in nur einer Nacht erbaut worden sein – so jedenfalls heißt es in einer von Goethe erwähnten Legende.

Auf jeden Fall traf der Teufel eine gute Standortentscheidung, liegt der Palast doch an der Giro al Sas. Diese pulsierende Fußgängerzone – mit ihren vielen kleinen Boutiquen übrigens auch ein Eldorado zum Bummeln und Shoppen – ist ein Gang durch die Stadtgeschichte, der u. a. am **Teatro Sociale** ➡ dB2 von 1819 (Via Oss Mazzurana), damals als schönstes Theater Tirols gerühmt, vorbeiführt.

Neben historischen Schätzen bietet die Universitätsstadt auch viel zeitgenössische Kultur, Feste, Märkte und Festivals. Zur »alpinen Kunststadt« gehört auch die Bergkultur, um die sich eines der bedeutendsten Kulturevents dreht, das **Trento Film Festival**. Das Internationale Festival für Filme, die sich mit dem Gebirge befassen, zieht zwischen April und Mai die alpinistische Crème de la Crème in die Stadt. Neueste Attraktion

An der Piazza Duomo in Trient/Trento

der Stadt ist das von Renzo Piano erbaute Museum der Wissenschaft **MUSE** ➡ dD1 an der Etsch.

Tourist Information ➡ dB2
Piazza Dante 24, I-38122 Trient
✆ 04 61 21 60 00
www.discovertrento.it
www.visittrentino.info/de
Hier erhält man u. a. die Trentino Guest Card. Sie beinhaltet den Eintritt in Museen, die Nutzung der öffentlichen Verkehrsmittel und weitere Vergünstigungen.

Landesmuseum Castello del Buonconsiglio ➡ dB3
Via B. Clesio 5, Trient
✆ 04 61 23 37 70
www.buonconsiglio.it
Verschiedene Sammlungen antiker, mittelalterlicher und moderner Kunst, von Leinwand- und Tafelgemälden über Möbel bis hin zu Münz-, Briefmarken- und Grafiksammlungen.

Le Gallerie. Die Tunnels – Stiftung Historisches Museum ➡ dB1
Piazza Piedicastello, Trient
✆ 04 61 174 70 00
www.museostorico.it
Eintritt frei
Le Gallerie sind zwei ehemalige Straßentunnel, die jetzt der Geschichte des Trentino gewidmet sind. Die **Galleria Nera** zeigt auf 300 ununterbrochenen Metern riesige Installationen. In der **Galleria Bianca** finden Events statt, die mit multimedialen Installationen realisiert werden. Im weißen Tunnel gibt es auch Meetings, Kongresse und Ausstellungen.

MART – Galleria Civica Trento ➡ dC2
Via Belenzani 44, Trient
✆ 04 61 98 55 11
www.mart.tn.it
Der Schwerpunkt der Gallerie liegt auf der Kunst und Architektur des 19. und 20. Jahrhunderts. Sie ist Teil des MART – Museum für moderne und zeitgenössische Kunst von Trient und Rovereto, dessen Hauptsitz sich inzwischen in Rovereto befindet.

Im **Palazzo Albere**, dem ursprünglichen Standort des MART, organisieren MUSE und MART ein gemeinsames Kulturprogramm.

MUSE – Museum für Wissenschaft ➡ dD1
Corso del Lavoro e della Scienza 3 Trient
✆ 04 61 27 03 11, www.muse.it
Das moderne, von Renzo Piano entworfene Museum für Wissenschaft setzt auf interaktive Elemente und sensorische Erfahrungen. Der Fokus liegt auf der Entwicklung unserer Umwelt. Mit tropischem Gewächshaus und großer Dinosaurierausstellung.

Luftfahrtmuseum Gianni Caproni ➡ M6/7
Am Flughafen von Trient
Via Lidorno 3
✆ 04 61 94 48 88
museostorico.it/location/museo-dellaeronautica-gianni-caproni
Teils einzigartige Fluggeräte und Raritäten.

Tridentinisches Diözesanmuseum und urchristliche Basilika ➡ dC2
Im Palazzo Pretorio
Piazza Duomo 8, Trient
✆ 04 61 23 44 19, www.museodiocesanotridentino.it
Örtliche Kunst vom Mittelalter bis Klassizismus; Teil des Museums ist die archäologische Stätte unter der Kathedrale.

Radeln
Mit 92 km ist der Radweg im Etschtal der längste im Trentino. Er führt an interessanten Ortschaften und Schlössern vorbei und ist einfach zu finden: in Trient am linksseitigen Etsch-Ufer, da wo auch die Seilbahnstation liegt.

Ehrgeizige Pedalritter, die den Stars des Radrennens Giro d'Italia folgen wollen, fahren die rund 40 km um den **Monte Bondone**.

Feste

Dem Schutzpatron der Stadt, dem heiligen Vigil, ist das **Feste Vigiliane** (festevigiliane.it) im Juni gewidmet. Historisch kostümierte Trienter bewegen sich in spektakulären Umzügen durch die Stadt und messen sich in Wettkämpfen.

Ende April/Anfang Mai findet das **Trento Film Festival** (trentofestival.it) rund um das Thema Berge statt.

An drei Tagen im September zeigen die gastronomischen Exzellenzen des Trentino beim **Autumnus** (autumnus.trento.it) ihr Können.

Ausflugsziele:

Monte Bondone ➡ N6

Etwa 17 km vom Stadtzentrum entfernt, ist der Hausberg von Trient bequem mit der Seilbahn ➡ dB1 von der San-Lorenzo-Brücke am linken Etsch-Ufer nach Sardagna zu erreichen. Berühmt ist der Berg für seine Wintersportanlagen samt Langlaufzentrum. Im Sommer verwandelt er sich in eine grüne Oase, deren Blumenpracht zu den reichsten der Alpen gehört (vgl. Botanischer Alpengarten).

Botanischer Alpengarten
➡ M6
Monte Bodone
✆ 04 61 94 80 50
www.cultura.trentino.it
Eintritt frei

Trients Hausberg ziert ein botanischer Garten mit 2000 Gebirgspflanzenarten aus allen Kontinenten. Hier werden alpine Ökosysteme erforscht. Der Botanische Alpengarten ist eine Außenstelle des MUSE. Der Garten erstreckt sich auf einer Höhe von 1540 m über 10 ha.

Valle dei Laghi ➡ K–M4/6
www.gardatrentino.it

Von Trento nach Westen gelangt man in das Tal mit dem romantischen Castel Toblino ➡ M5 am gleichnamigen See.

Orrido di Ponte Alto ➡ L6
3,5 km oberhalb von Trient
300 m von Villa Madruzzo
Via Ponte Alto 26
Cognola Trento

Aus Sicherheitsgründen kann die Schlucht ggf. nur mit Führung besucht werden

Einen Halbtagesausflug (östlich Richtung Valsugana) ist die Tour zum Orrido di Ponte Alto wert, eine eng in den Felsen gegrabene Klamm mit zwei Wasserfällen, einer davon 88 m hoch, und einer Kaskade, die je nach Wasserstand spektakulär oder kaum fließen.

Jedes Jahr wird zu Ehren des Stadtpatrons Vigil in historischen Kostümen gefeiert

Südtirol in Zahlen und Fakten

Die zwei autonomen Provinzen Bozen-Südtirol und Trentino gehören zur italienischen Region Trentino-Südtirol.

Geografie: Südtirol hat eine Gesamtfläche von 7399 km². Davon liegen 64,5 % über 1500 m, 21,5 % zwischen 1000 und 1500 m und nur etwa 14 % unter 1000 m Höhe. 44 % der Flächen sind bewaldet, 8 % sind besiedelbar.

Größte Flüsse: Etsch, Eisack, Rienz

Einwohnerzahl: 533 000 Einwohner

Religion: 98 % der Einwohner sind katholisch.

Sprachen: Die drei offiziellen Landessprachen sind Deutsch (70 %), Italienisch (25 %) und Ladinisch (5 %).

Städte: Bozen (107 000 Einw., Regionenhauptstadt), Meran (41 000), Brixen (23 000), Leifers (18 000), Bruneck (17 000), Sterzing (7000), Klausen (5000), Glums (900)

Anreise, Einreise

Für die Einreise benötigt man einen gültigen Ausweis oder Reisepass, Kinder unter 12 Jahren einen Kinderreisepass. Grenzkontrollen gibt es nur noch in Ausnahmefällen.

Mit dem Auto

Von Norden führt die schnellste Verbindung nach Südtirol über die Brennerautobahn A 22 nach Sterzing, Brixen, Klausen, Bozen oder Neumarkt. Von Osten kommt man über Lienz und Winnebach ins Pustertal, von Westen über den Reschenpass nach Meran.

Die Autobahnen in Italien sind gebührenpflichtig, gezahlt werden kann an den Mautstationen in bar oder per Kreditkarte. Bequem ist die Bezahlung mit der »Viacard«, die es in Deutschland beim ADAC, in Italien bei den Zahlstellen, den »Punto Blu«-Informationszentren an den Autobahnen, bei Autogrills und auch in Tabakwarengeschäften gibt.

Nicht vergessen: Führerschein, Fahrzeugschein und grüne Versicherungskarte, die bei Unfällen und auch zuweilen bei Verkehrskontrollen vorgelegt werden muss.

Aktuelle Verkehrslage:
www.suedtirol.com/verkehr
https://verkehr.provinz.bz.it

Mit der Bahn

Per Schiene geht es über Innsbruck und den Brenner in die nördlichste Provinz Italiens. IC- und ICE-Züge halten in Brixen und Bozen.

Mit dem Flugzeug

Über das 125 km entfernte Innsbruck und das rund 155 km entfernte Verona ist Südtirol gut zu erreichen. Einen internationalen Flughafen gibt es auch in Bozen (✆ 04 71 25 52 55, www.bolzanoairport.it). Flüge gibt es ab Düsseldorf, Hamburg, Berlin und Kassel.

Auskunft

Verkehrsamt Bozen ➡ aC2
Südtiroler Straße 60
I-39100 Bozen
✆ 04 71 30 70 00
www.provinz.bz.it

Hier erhält man Auskünfte für die gesamte Region.

Trentino Marketing AG ➡ dA2
Via Romagnosi 11, I-38122 Trento
✆ 04 61 21 93 00
www.visittrentino.it
www.trentinomarketing.org/it
Zuständig für die Region Trentino.

Automiete, Autofahren

Gerade in der Hochsaison quälen sich die Autos im Schritttempo durch Südtirol, die Pässe rauf und runter. Das einzige, was hilft: Geduld und Obacht vor unübersichtlichen, engen Kurven (ggf. Hupen). Etliche Berg- und Passstraßen sind für Wohnwagen gesperrt.

Beim **Parken** gilt: freies Parken auf weiß eingezeichneten Parkplätzen (ggf. mit Parkscheibe); gelbe Markierungen bedeuten Parkverbot, blaue Parken gegen Bezahlung. Ansonsten tut man in den Städten wie Bozen und Meran gut daran, ins Parkhaus zu fahren (gute Parkleitsysteme).

Neben dem verpflichtenden Führerschein und Fahrzeugschein empfiehlt es sich, die **Internationale Grüne Versicherungskarte** mitzunehmen. Wer einen fremden Wagen fährt, benötigt eine Vollmacht des Fahrzeughalters.

Tempolimits (in km/h): Für Pkw, Motorräder und Wohnmobile gelten innerorts 50, außerorts 90, auf Schnellstraßen 110 und auf Autobahnen 130, bei regennasser Fahrbahn110 km/h. Für Wohnmobile über 3,4 Tonnen gelten außerorts 80, auf Autobahnen 100 km/h; Pkw mit Anhänger dürfen außerorts und auf Schnellstraßen max. 70, auf Autobahnen 80 km/h fahren. Tagsüber muss nicht nur auf Autobahnen, sondern auch auf allen Überlandstraßen mit **Abblendlicht** gefahren werden. Es besteht **Anschnallpflicht** und für Lenker und Mitfahrer von Zweiradfahrzeugen **Helmpflicht**. Die **Promillegrenze** liegt bei 0,5. **Telefonieren** am Steuer ist nur mit Freisprecheinrichtung

Blick auf die Sarntaler Alpen

erlaubt. Für den Fall, dass man auf einer Autobahn wegen einer Panne oder eines Unfalls das Auto verlässt, muss eine reflektierende **Sicherheitsweste** getragen werden. **Tankstellen** sind mittags (12–16 Uhr) meist geschlossen.

Diplomatische Vertretungen

Honorarkonsul der Bundesrepublik Deutschland
Dr.-Streiter-Gasse 12, I-39100 Bozen
✆ 04 71 97 21 18
bozen@hk-diplo.de
italien.diplo.de
Die übergeordnete Auslandsvertretung befindet sich in Mailand.

Österreichisches Generalkonsulat
Piazza del Liberty 8/4
I-20121 Milano
✆ 02 77 80 78-0
www.bmeia.gv.at/gk-mailand

Schweizer Konsulat
Via Palestro 2, I-20121 Milano
✆ 02777 91 61
www.eda.admin.ch

Einkaufen

Wochen-, Bauern-, Obst- und Gemüsemärkte gibt es an jedem Wochentag und überall. Viele Südtiroler Spezialitäten bekommt man direkt beim Erzeuger wie Südtiroler Speck und Wurstwaren, Almkäse und Weine. Ein ebenfalls beliebtes kulinarisches Mitbringsel sind getrocknete Pilze.

Die »Marende« genannte Brettl-Jause

Wer nicht verzehrbare Souvenirs mit nach Hause nehmen möchte, sollte sich auf die Suche nach der regionalen Handwerkskunst mit ihrer fast tausendjährigen Tradition machen. Natürlich wird inzwischen vieles industriell nachgeahmt, doch hier und da findet man noch echte manuelle Schnitzereien wie Holzfiguren, Schalen und Masken sowie handgewebte Textilien, traditionelle Klöppelarbeiten oder liebevoll gefertigte Filzpatschen.

Essen und Trinken

Weintrauben und Äpfel, Äpfel und Weintrauben – wer im Hochsommer durch Südtirol reist, kann sich alle paar Kilometer an der fruchtigen Pracht erfreuen. Jeder zehnte **Apfel**, der in Europa verzehrt wird, kommt aus dem Dolomitenland, wo 8000 Obstbauern und Familienbetriebe durchschnittlich 800 000 Tonnen Äpfel – fast die Hälfte sind Golden Delicious – im Jahr ernten. Rund 40 Prozent davon verputzen die Deutschen.

Südtirol hat sich zum **Weinland** gemausert, viele Weine haben es zu internationalem Ansehen gebracht. Das Klima ist günstig. Mindestens 2000 Sonnenstunden gibt es pro Jahr und die Durchschnittstemperatur während der Vegetationsperiode liegt bei 19 Grad. Rund 5000 Hektar umfasst die Rebfläche mit ihren vielfältigen Lagen und über 20 Traubensorten – Eppan an der Südtiroler Weinstraße ist das größte Weinanbaugebiet der Region. Um die 400 000 Hektoliter werden pro Jahr von ca. 40 Privatkellereien und Weinbaubetrieben produziert. Rund zwei Drittel der Weine sind Rotweine, davon wiederum zwei Drittel Vernatsch.

Herzhafte Kost versprechen die Berggasthöfe, wie hier auf der Geisler Alm oberhalb des Villnösser Tals

Andere Südtiroler Rebsäfte sind Cabernet, Merlot, Blauburgunder bei den Roten und Chardonnay, Rheinriesling und Gewürztraminer bei den Weißen, deren Anteil leicht zunimmt. Bis auf den Muskateller sind die Südtiroler Weine generell trockene Tröpfchen. Nicht entgehen lassen sollten sich Weinliebhaber den Besuch bei den hiesigen Winzern oder in einer Vinothek.

Die Küche Südtirols ist ein **kulinarischer Schmelztiegel**: Bodenständiges und Süßes aus Tirol und Österreich, dazu Italien mit Pasta, Pizza, Risotto, Fisch. Neben Rustikalem, wie es in vielen Wirtsstuben in Form von deftigen Speckknödeln, Brettl-Jausen, Polenta und Schweinebraten daherkommt, gibt es in der norditalienischen Provinz auch echte Feinschmeckertempel.

In einigen Restaurants wird mit der ladinischen noch Regionalküche serviert: ursprünglich, einfach, gut. Butter, Milch, Käse, Quark, Brot, Strudel, Joghurt und in Öl Gebackenes, wie die gefüllten, runden Küchlein *Turtres*, gehören zur ladinischen Kost.

Die wohl bekannteste Südtiroler Spezialität ist der geräucherte, würzige **Speck**. Name und Herstellungsverfahren sind, wie auch bei Südtiroler Brot, Milch, Honig, Gemüse oder Grappa, schon seit einiger Zeit geschützt und festgelegt – echter Südtiroler Speck muss unter anderem durchschnittlich 22 Wochen reifen.

Ein paar Worte noch zum »Gastro-Latein« in Südtirol: Marende bedeutet Brotzeit, wer Schlutzkrapfen bestellt, bekommt die Südtiroler Ravioli-Variante serviert.

Buschenschänken sind saisonal geöffnete Gaststätten auf Bauernhöfen, die hofeigene Produkte anbieten. In den Buschenschänken

Südtiroler Spinatknödel mit frischen Pfifferlingen

Im Sommer bietet sich in Südtirol das Sammeln köstlicher Waldpilze an

Pilze sammeln

Fürs Pilzesammeln benötigt man in Südtirol eine Sammelerlaubnis, die aber für ein paar Euro zu haben ist (Infos in den Tourist Informationen). Zudem muss man einiges beachten, z. B. ist das Sammeln nur an geraden Tagen von 7–19 Uhr erlaubt. Beschränkung pro Person und Tag: maximal ein Kilogramm.

findet denn auch ein beliebter Herbstbrauch statt, das **Törggelen**. Auf der Wanderung von Hof zu Hof verkostet man den *Nuien*, den Wein der heurigen Saison, dazu werden Geselchtes, Speck, Kaminwurzen, Käse und *Kötschn* (geröstete Kastanien) gereicht. Übrigens: Nicht von torkeln, sondern von der Weinpresse Torggl kommt Törggelen. Inzwischen findet das Törggelen fast schon ganzjährig statt und ist zum Teil auch sehr touristisch, aber die Einheimischen frönen immer noch gern dem Brauch.

Feiertage, Feste

Neben den üblichen Festen wie **Weihnachten**, **Neujahr**, **Ostersonntag** und **-montag** sowie **Pfingsten** sind in Südtirol an folgenden Feiertagen Geschäfte und Ämter geschlossen: **Tag der Befreiung** (25. April), **Tag der Arbeit** (1. Mai), **Mariä Himmelfahrt** (15. Aug.), **Allerheiligen** (1. Nov.).

Die Südtiroler pflegen ihre Traditionen vor allem in zahlreichen Musikkapellen und Schützenvereinen und holen für Feste gern ihre Trachten aus dem Schrank, so wie am ersten Sonntag im August beim Spektakel **Gröden in Tracht**. Vielerorts werden **Kirchweihfeste** gefeiert. Am 9. Juni werden zur Erinnerung an das Gelöbnis Südtirols ans heilige Herz Jesu **Bergfeuer** entzündet. An Mariä Himmelfahrt finden in allen größeren Orten **Marienfeste** mit Prozessionen statt. In Sarnthein wird am ersten Septemberwochenende der **Kirchtag** mit einem prächtigen Trachtengruppenumzug gefeiert.

Einmalig im Land ist die **Kastelruther Bauernhochzeit** im Schlerngebiet, bei der jedes zweite Jahr im Januar eine historische Bauernhochzeit originalgetreu nachgestellt wird. Im Herbst finden vielerorts die **Almabtriebe** statt, die besonders farbenprächtig und mit Rahmenprogramm gefeiert werden. Immer am 24. August am Rittner Horn: der traditionelle Almabtrieb des Viehs von den Sommerweiden.

Immer im Mai führt der **Giro d'Italia**, Italiens bedeutendstes Radrennen, durch Südtirol. Das bedeutendste **Pferderennen**, der Große Preis von Meran Forst, wird jährlich im September in Meran ausgetragen. Ebenfalls im September treffen sich Kletterprofis im eigens errichteten Kletterstadion von Arco zum **Rock Master**. Das Internationale **Schneeskulpturenfestival** findet im Januar in Innichen statt. Um gastronomische Highlights geht es in Trient beim **Autumnus** (autumnus.trento.it) im Oktober und im Juli wird das renommierte Internationale **Festival Tanz Bozen** ausgerichtet. Schön sind im Nov./Dez. die **Weihnachtsmärkte**.

Geld, Kreditkarten

Italien ist Euro-Land. Bargeld am Automaten gibt es per EC- oder Kreditkarte. Die gängigen Kreditkarten werden auch in den meisten Geschäften, Hotels und Restaurants akzeptiert (Aufkleber »carta si!« oder auf abgebildete Kreditkarten achten).

Hinweise für Menschen mit Handicap

Südtirol bietet Menschen mit Handicap gute Möglichkeiten für einen relativ stressfreien Urlaub. Das Internetportal www.suedtirolfueralle.it zeigt viele Möglichkeiten auf. So gibt es auch zahlreiche barrierefreie Ferienwohnungen und Hotels (www.miamerano.it/barrierefrei.html).

Internet

www.suedtirol.info – offizielle Seite der Südtirol Tourismus Information
www.suedtirol.com – kommerziell betriebenes, aber umfangreiches und informatives Urlaubsportal
www.suedtirol-it.com – informative, private Südtirol-Seite
www.visittrentino.info/de– offizielle Trentino-Seite der Abteilung für Tourismus und Promotion
www.merano-suedtirol.it – Tourismusverband Meraner Land
www.seiseralm.it – Seiser Alm Marketing Genossenschaft
www.suedtirols-sueden.info – Tourismusverband Südtirols Süden
www.vinschgau.net – Tourismusverband Vinschgau

WiFree Zone – gratis surfen in Südtirol: Unter diesem Motto wurden in zahlreichen Ortszentren kostenfreie WLAN-Zonen eingerichtet. Auch viele Skigebiete, teilweise sogar an den Liften, sowie Cafés und Restaurants bieten ihren Gästen WLAN.

Klima, Kleidung, Reisezeit

Wegen seiner Lage am Alpensüdhang ist Südtirol ein klimatisch bevorzugtes Eckchen mit etwas mehr als 300 Sonnentagen im Jahr und einem typisch alpinen Mikroklima: relativ milde Sommer mit tagsüber durchschnittlich 18 bis 20 Grad und nachts um 14. Wärmster

Almwiesen vor der Szenerie des Rosengartens

Abenteuer pur im Hochseilgarten auf der Taser Alm oberhalb von Schenna

Monat ist der Juli mit 29 Grad durchschnittlicher Höchsttemperatur. Wem das zu warm ist, der begibt sich besser in die höheren Bergregionen, dort ist der Sommer kürzer und kühler (Juni–Mitte Okt.). Dennoch sollte man auch in den Sommermonaten »berggerechte«, warme Kleidung mitnehmen, denn selbst im Sommer kann es in größeren Höhen schneien. Im Tal reicht aber meist leichte Sommerkleidung.

Als Wandermonat gilt der September, ist er doch meistens angenehm warm, klar, sonnig und gelegentlich auch frisch. Im Oktober hingegen wird es häufig schon recht kalt und es gibt die ersten Fröste. Der Juni gilt als niederschlagsreichster Monat. Um Bozen, Meran und an der Südtiroler Weinstraße weht schon ab Ende Februar laue Frühlingsluft und der goldene Herbst kann sich durchaus bis in den November hinziehen.

Südtiroler Wetter- und Lawinenwarndienst
wetter.provinz.bz.it/lawinen.asp

Medizinische Versorgung

Für den Krankheitsfall reicht die **Europäische Krankenversicherungskarte**, die man vor Ort beim Arzt oder im Krankenhaus vorlegt. Da nicht alle Kosten von den Kassen zurückerstattet werden, empfiehlt sich zusätzlich der Abschluss einer privaten **Auslandskrankenversicherung**. Teilweise sind diese auch schon in Kreditkartenleistungen enthalten und generell recht günstig.

Apotheken sind normalerweise Mo–Fr 8–12 und 15–19 Uhr geöffnet; Nacht- und Wochenenddienste werden in der Tageszeitung »Dolomiten« oder unter www.provincia.bz.it/gesundheitswesen veröffentlicht.

Mit Kindern in Südtirol

Für die jungen Südtirolbesucher gibt es einige Attraktionen wie den **Hochseilgarten Taser Alm** ➡ E7 oberhalb von Schenna bei Meran mit Hängebrücken, Leitern und Seilen, die von Ästen baumeln.

Oberhalb von Bozen, auf dem **Ritten-Hochplateau** ➡ G9, darf man dem Lokführer einer uralten Straßenbahn bei der Fahrt zu den Erdpyramiden über die Schulter schauen; auf dem **Reschensee**, dem größten Stausee Südtirols, kann der Nachwuchs den Kapitänen beim Steuern zusehen.

Der kleine und große **Montigglersee** ➡ H8 südwestlich von Bozen sind beliebte Badeseen. Das dortige Freibad (bei Eppan) begeistert ob seiner 130 m langen, teils unterirdischen Rutschbahn und anderer Attraktionen.

Weitere **Erlebnisbäder** gibt es u. a. mit dem Acquafun in Innichen ➡ E16 (www.acquafun.com), in Naturns ➡ F6 (www.merano-suedtirol.it), oder in Brixen ➡ E11 (Acquarena, www.acquarena.com).

Entlang einer stillgelegten Eisenbahnstrecke verläuft der gut ausgebaute **Radwanderweg** von Eppan nach Kaltern mit vielen Spielgeräten und einer alten Dampflok zum Herumtoben am Ende. Auch in und um Alta Badia gibt es zahlreiche Ziele für Familien, wie Hochseilgarten, Freizeitareale, Tierpark, Badesee, Kinderspielparks. Mancherorts werden spezielle **Sommer-Kinderprogramme** veranstaltet, oft mit Spielen, Malwettbewerben, Ausflügen und Mini-Olympiaden (Infos über die Tourist Informationen).

Auf den Skipisten gilt für Kinder und Jugendliche bis 18 Jahre eine **Helmpflicht**.

Notfälle, wichtige Rufnummern

Europäische Notrufnummer, auch Bergrettung ✆ 112
Sperrung von Kreditkarten und Handys ✆ 116 116
ADAC Pannenhilfe +49 (89) 22 22 22
Südtiroler Verkehrsmeldezentrale ✆ 04 71 20 01 98
verkehr.provinz.bz.it

Öffnungszeiten

Banken sind meist Mo–Fr ca. 8.30–13 und 14.30–17 Uhr geöffnet. Geschäfte haben in der Regel Mo–Fr 8.30–12 und 15–19 Uhr, Sa bis mittags offen. Große Kaufhäuser oder Einkaufszentren haben meist durchgängig von 10 bis 21 oder 22 Uhr geöffnet. Manche Läden öffnen auch sonntags. Je nach Saison können sich die Zeiten ändern.

Post

In den Städten findet man problemlos ein Postamt, in kleineren Ortschaften kauft man seine Briefmarken an Kiosken und in Tabakgeschäften. Kleinere Postämter haben häufig nur vormittags geöffnet.

Presse

In den Städten und Ferienorten bekommt man die großen Tages- und Wochenzeitungen aus Deutschland, Österreich und der Schweiz. In den meisten Orten findet sich auch ein Geschäft oder eine Tankstelle, wo die Sonntagszeitungen erhältlich sind.

Eine deutschsprachige Zeitung aus Südtirol ist »Dolomiten«. Per Radio empfängt man einen Teil der österreichischen und etliche Südtiroler Privatsender.

Rauchen

In allen öffentlichen Gebäuden, Flughäfen, Bahnhöfen, Geschäften, Cafés und Restaurants ist das Rauchen gesetzlich verboten.

Sicherheit

Südtirol gilt allgemein als ein sehr sicheres Reiseland. Dennoch sollte man die übliche Vorsicht walten lassen und z. B. keine Taschen sichtbar im Auto liegen lassen. Generell empfiehlt es sich, Dokumente und Wertgegenstände im Hotelsafe zu deponieren und ggf. Kopien mitzuführen.

Sport und Erholung

Bergsteigen, Freeclimbing, Klettern
In Südtirol gibt es ein breites Angebot an **Kletterwänden**. Mehrstündige Kraxelpartien kann man auf den Pisciadù (Kolfuschg im Gadertal), am Rotwand-Masaré-Klettersteig in der Rosengarten-

gruppe am Karerpass, auf die Sass-Rigais-Felspyramide in der Geislergruppe (St. Christina in Gröden) oder auf dem Alpinisteig in Sexten unternehmen. Als Alternative zu den natürlichen Steilwänden wurden auch künstliche geschaffen, so in Corvara (im Freien) oder Indoor in Colfosco und Eppan. Die mit 16,5 Metern Höhe höchste **Kletterhalle** steht in Sexten.

Wer noch nie oder selten auf Berge gekraxelt ist oder sich an einen schwierigeren Klettersteig wagen will, wendet sich an eine der 12 **Alpinschulen** mit ihren erfahrenen Bergführern (Adressen und Kontaktdaten unter: www.suedtirolerland.it). Auch der **Verband Südtiroler Berg- und Skiführer** informiert über die Alpinschulen – wie auch über einzelne Berg-und Skiführer (www.bergfuehrer-suedtirol.it).

Kurse vom Schneeschuhwandern bis zu Eistouren und Wasserfallklettern bietet auch der Südtiroler Alpinist und Mount-Everest-Bezwinger **Hans Kammerlander** in seiner Alpinschule in Sand in Taufers (www.kammerlander.com).

Golf

Mit seinem sonnigen und milden Klima ist Südtirol für Golfer ein kleines Eldorado. Hinzu kommen die Lage der Golfplätze vom Tal übers Mittelgebirge bis hin zu hochalpinen Plätzen wie in Alta Badia und am Karersee in den Dolomiten.

Golfen vor der Kulisse der Schlerngruppe in Kastelruth

Damit sie auf allen Plätzen abschlagen können, erhalten die Gäste der Golfhotels die **Golfcard** und damit einen Nachlass auf allen Plätzen. Über die Golfplätze in Südtirol informiert – auch mit weiterführenden Links – die Website golfinsuedtirol.it/de.

Mountainbiking, Radfahren

Über interessante Mountainbike-Routen, wie beispielsweise rund um den Sellastock, kann man sich in den Tourist Informationen informieren. Tipps bekommen Up- und Downhill-Fans auch in den Fahrradgeschäften Südtirols. Zum Übernachten gibt es spezielle Bike-Hotels (www.bikehotels.it, www.bike-holidays.com).

Reiten

Auch wenn man im Sommer die berühmtesten Bewohner des Dorfes Hafling kaum zu Gesicht bekommt – sie grasen auf hochalpinen Almen – gibt es doch viele Reiterhöfe in Südtirol, die Ausritte und Reitunterricht anbieten. Gute Reitmöglichkeiten bietet beispielsweise **Herbert's Reitstall** (www.pferdetrekking.it) im schönen Ahrntal. Im Reitstall Luttach werden nicht nur Reitkurse für Anfänger und Fortgeschrittene angeboten, sondern auch längere Ausritte wie die Tagestouren mit Grillen am See. Zu den Highlights zählen sicherlich die mehrtägigen Pferdetrekking-Touren. Im Winter kann man zu Pferd die verschneite Landschaft genießen.

Eine der bekannteren Adressen ist das **Wellness & Sport Resort Stroblhof** (www.stroblhof.com) in St. Leonhard in Passeier, zu dem ein eigener Reiterhof mit einer angeschlossenen Reitschule gehört. Angeboten werden die unterschiedlichsten Kurse und Programme in landschaftlich sehr reizvoller Umgebung.

Paragliding
Angesagt wegen seiner idealen Bedingungen für Höhenflüge ist Spitzbühl auf der Seiser Alm. Ebenfalls beliebt bei Wolkenstürmern sind der Startplatz in Ahornach und der Landeplatz in Taufers sowie Schennas Hausberg Hirzer im Meraner Land.

Rafting, Canyoning
Wildwasser-Cowboys sollten sich einen Wasserritt auf der Ahr und durchs Tauferer Ahrntal oder auf der Etsch nicht entgehen lassen. Anbieter sind etwa: Südtirol Rafting (südtirolrafting.com) und River Tours Südtirol (www.suedtirol-river-tours.com).

Wandern, Trekking
Die Dolomiten sind mit ihrem dichten Wanderwegenetz von rund 18 000 Kilometern ein Eldorado für Lauffreunde. Ein Klassiker ist der zum Europäischen Fernwanderweg gehörende **Meraner Höhenweg**, der durch den Naturpark Texelgruppe führt – 80 Kilometer lang und damit eine Vier- bis Sechs-Tage-Tour (begehbar Ende Juni–Okt., je nach Schneefall, www.merano-suedtirol.it).

Mit allen Sinnen genießen können Wanderer und Spaziergänger auf **Duftwegen** wie dem Tappeinerweg in Meran, entlang der Bozner Wassermauerpromenade oder der Guntschnarpromenade, einem botanischen Lehrpfad in Bozen.

Einmalig sind die **Waalwege** – 35 dieser Pfade entlang alter Bewässerungskanäle gibt es (2–3-Stunden-Touren). Der längste ist der gerade zur Obstblüte lohnenswerte Marlinger Waalweg (ab Marling), einer der schönsten der von Tschars im Vinschgau aus zu Reinhold Messners Schloss Juval.

Skispaß in den Dolomiten

Sieben **Naturparks** und ein **Nationalpark** gehören zu Südtirol. Das Amt für Naturparks in Bozen macht auf seiner Homepage (naturparks.provinz.bz.it) konkrete Wandervorschläge und zeigt virtuelle Touren durch die Parks. Detaillierte Wanderwegbeschreibungen und -karten sind erhältlich bei den örtlichen Tourismusvereinen.

Infos über Wanderwegenetz, Schutzhütten-Öffnungszeiten und allgemeine Bergverhältnisse: **Südtiroler Alpenverein**, ✆ 04 71 97 81 41, alpenverein.it.

Wintersport
Südtirol besitzt etliche hervorragende Wintersportgebiete. Die meisten haben sich zum großen Verbund »Dolomiti Superski« zusammengeschlossen. Auf dem Gletscher Ski laufen kann man im Schnalstal, in Sölden am Ortler und auf der bereits knapp hinter der Südtiroler Grenze in Belluno liegenden Marmolata, der Königin der Dolomiten.

Die Saison dauert in den meisten Skigebieten von Anfang/Mitte Dezember bis Ostern, wobei reichlich Schneekanonen allerorten für Schneesicherheit und jederzeit beste Pistenverhältnisse sorgen. Langläufer kommen besonders im Puster- und im Ahrntal zum Zug, Antholz ist das bekannte Biathlon-Zentrum. Natürlich gibt es vielerorts auch Eislaufplätze und Rodelbahnen. Informationen über Skigebiete/Wintersport unter www.dolomitisuperski.com oder bei den Tourist Informationen.

Sprache

Die große Mehrheit der Südtiroler bezeichnet sich selbst laut Volkszählung 2011 als deutschsprachig (ca. 69,5 %), rund 26 Prozent sprechen italienisch. Daneben gibt es eine Minderheit von ca. 4,5 Prozent der Südtiroler Bevölkerung, die ladinisch/rätoromanisch sprechen. Die Ladiner leben hauptsächlich in den Tälern rund um den Sellastock. Hier sind Hinweise und Schilder meist dreisprachig, im übrigen Südtirol zweisprachig.

Telefonieren

In den meisten Gegenden Südtirols funktionieren Handys, nur in einigen Gebirgs- und Seitentälern ist der Empfang schwach. Seit 2017 gibt es in der EU keine Roaming-Gebühren mehr; es gelten zudem Kostenobergrenzen.

Beim Telefonieren, auch im örtlichen Telefonbereich, muss immer die Ortskennzahl **inklusive der Null** mitgewählt werden. Bei Auslandsgesprächen fällt nach der Ländervorwahl die Null der Ortskennzahl weg.

Nationale Auskunft ✆ 12
Internationale Auskunft ✆ 41 76
Vorwahl Italien ✆ +39
Vorwahl Deutschland ✆ +49
Vorwahl Schweiz ✆ +41
Vorwahl Österreich ✆ +43

Trinkgeld

Wer zufrieden ist, gibt Trinkgeld, egal ob im Taxi oder im Restaurant. 10 bis 15 Prozent sind üblich, allerdings wird Geld (im Restaurant) erst nach Bezahlung auf den Tisch gelegt. Tipp: In Italien Rechnungen nie getrennt begleichen oder aber *alla Romana*. Hier wird der Gesamtbetrag durch die Anzahl der Personen geteilt.

Unterkunft

Je nach Gusto und Geldbeutel verbringt man seinen Südtirolaufenthalt in einfachen bis Luxushotels, in Pensionen, Garnis, Gasthöfen, Apartments, Ferienhäusern oder Privatzimmern bis hin zu Campingplätzen und Schutzhütten. Auch auf ganz individuelle Erwartungen haben sich die Beherbergungsbetriebe eingestellt und zusammengeschlossen. So gibt es Familienhotels (www.familienhotels.com), Wanderhotels (www.wanderhotels.com), Mountainbike-Quartiere (www.bike-holidays.com), Wellnesshotels (www.belvita.it) und Urlaub auf dem Bauernhof (www.roterhahn.it). Unter www.suedtirol.info kann man Unterkünfte in Südtirol auch online suchen und buchen. Eng wird es in den Urlaubsgebieten vor allem im August und über Weihnachten, wenn auch die Italiener Urlaub machen.

Seit 2014 müssen Gäste je nach Unterkunftskategorie pro Übernachtung zwischen € 0,85 und € 1,60 Ortstaxe bezahlen, eine Steuer für die öffentliche Infrastruktur.

Verkehrsmittel

Mit der **Mobilcard** (www.suedtirolmobil.info) können Reisende an einem, drei bzw. sieben aufeinanderfolgenden Tagen alle öffentlichen Verkehrsmittel in ganz Südtirol unbegrenzt nutzen. Die Mobilcard gibt es in drei Varianten: ein Tag für € 20/10, drei

Tage für € 30/15, sieben Tage für € 45/22,50.

Die Karte beinhaltet die Nutzung der Regionalzüge in Südtirol vom Brenner bis Trient sowie von Mals bis Innichen, der Nahverkehrsbusse (Stadtbusse, Überlandbusse und Citybusse), der Seilbahnen nach Ritten, Meransen, Jenesien, Mölten und Vöran, der Trambahn Ritten und der Standseilbahn auf die Mendel sowie eine Hin- und Rückfahrt mit dem Postauto Schweiz zwischen Mals und Zernez.

Die Mobilcard ist an allen Verkaufsstellen des Südtiroler Verkaufsbundes, in Tourismusvereinen und in vielen Gastbetrieben erhältlich.

Ein erweitertes Angebot der Mobilcard ist die **museumobil Card** (www.suedtirolmobil.info), die die unbegrenzte Fahrt mit allen öffentlichen Verkehrsmitteln an drei (€ 55/27,50) bzw. sieben (€ 65/32,50) aufeinanderfolgenden Tagen sowie jeweils einen Eintritt in rund 90 Museen, Ausstellungen und Sammlungen in ganz Südtirol ermöglicht.

Für Kinder unter sechs Jahren sind sowohl die Fahrt mit den öffentlichen Verkehrsmitteln als auch sämtliche Besuche von Museen kostenlos. Kinder ab sechs und Jugendliche unter 14 Jahren erhalten die Karten zum ermäßigten Preis als **Junior Card**.

Bahn:
Die Hauptstrecke der Bahn führt von Innsbruck über Brixen nach Bozen durchs Eisacktal. Per Schiene geht es auch durchs Pustertal von Bruneck nach Innichen bis ins österreichische Lienz sowie von Bozen nach Meran – man kommt also auch mit dem Zug bequem durch Südtirol.

Reist man häufiger mit der Bahn in Südtirol, lohnt sich die zuvor erwähnte Mobilcard. Auskünfte über Fahrpläne, Anschlüsse sowie Tarife der Eisenbahn in Italien erhält man unter:

– **Trenitalia**
✆ 89 20 21, 199 89 20 21
aus dem Ausland:
✆ +39 06 68 47 54 75
www.trenitalia.com

– **Südtirol Mobil**
✆ 04 71 22 08 80
www.suedtirolmobil.info/de

Bus:
Südtirol ist durch ein dichtes Liniennetz gut erschlossen und fast jede Ortschaft wird angefahren; auch die Bahnhöfe sind gut ans Busnetz angebunden. Fahrplan- und Linieninfos gibt es in den Tourist Informationen, bei Südtirol Mobil oder beim:

Südtiroler Autobusdienst SAD
✆ 04 71 45 01 11, 04 71 22 08 80
www.sad.it

Zeitzone

In Südtirol und Trentino gilt wie in ganz Italien und auch in Deutschland die Mitteleuropäische Zeit. Auch die Sommerzeit ist in Italien, wie überall in der EU, Standard.

Zoll

Es gelten die üblichen Richtmengen für den innereuropäischen Warenverkehr bei Ein- und Ausreise. Der persönliche Bedarf ist auf 800 Zigaretten, 10 Liter Spirituosen und 90 Liter Wein pro Person limitiert. Bargeld über € 10 000 muss bei den Zollbehörden deklariert werden. Weitere Infos unter www.zoll.de.

Da die Schweiz nicht der EU angehört liegen die zollfreien Grenzen hier tiefer. Weitere Infos unter www.bazg.admin.ch. ■

Die **fetten** Seitenzahlen verweisen auf ausführliche Erwähnungen, *kursiv* gesetzte Begriffe bzw. Seitenzahlen beziehen sich auf den Service.

Fotolia/Ambelrip: S. 40; Autofocus67: S. 74.; Bigmikephoto: S. 14, 18 u.; Bikemp: S. 12 u.; Canebisca: S. 3 o. r., 83 o.; Christa Eder: S. 43; Dan: S. 84; Diavoletto: S. 41; Gorilla: S. 89; Joachim Opelka: S. 73 o.; Johanna Mühlbauer: S. 82; Kab-vision: S. 83 u.; Kai Koehler: S. 2 o. Mitte, 20; lettas: S. 36; Luana Rigolli: S. 57 o.; Marie Jardinier: S. 2 o. r., 27; Mk: S. 25; Norbert Werner: S. 81; Pio3: S. 86; Rainer Schmittchen: S. 31 o.; Ralf Kabelitz: S. 37; Rick Henzel: S. 42; Suteracher: S. 59 o.; Terranova_17: S. 3 o. Mitte, 44; Thomas Maiwald: S. 63 o.; Tomo Jesenicnik: S. 69; Tunedin: S. 65 o., 88; Uweha: S. 62/63 u.; Vencav: S. 64; Vision images: S. 45; Volbeu: S. 32; Volker Krause: S. 67

IDM Südtirol/Alex Filz: S. 28; Angelika Schwarz: S. 21 o.; Benjamin Pfitscher: S.71; Hannes Niederkofler: S. 53; Harald Wisthaler: S. 54; Helmuth Rier: S. 19

iStockphoto/Anzeletti: S. 61 o.; Bettina Ritter: S. 73 u.; Cornel Krämer: S. 39; Creativaimage: S. 57 u.; Daniel Bärtschi: S. 4/5; Ernst Fretz: S. 21 u.; Flavio Vallenari: S. 48 u.; Franz-W. Franzelin: S. 55, 72; Giorgio Perbellini: S. 66; Gorfer: S. 52; helovi: S. 49; Hermsdorf: S. 13 u.; LianeM: S. 20; Matteusus: S. 10 u.; Michael Utech: S. 22; MoosyElk: S. 77; Mrcmrc: S. 47; PeJo29: S. 23 o.; Robert Jegg: S. 15 u.; Sebastian Hamm: S. 26/27; Zu_09: S. 2 o. l.

Kai Magaldi, Nörvenich: S. 13 u., 35, 50, 51, 56, 76, 85

Klaus Acker, Köln: S. 30

Manuela Blisse und Uwe Lehmann, Berlin: S. 65 u.

Pixelio/Udo Sodeikat: S. 75

shutterstock/Andreas Jung: S. 68; Mateo Fes: S. 79; milosk50: S.11; Nemo1963: S. 46; Pix4Pix: S. 70

Therme Meran/Frieder Blickle: S. 33

Tourismusverein Dorf Tirol: S. 3 o. l., 29

valgardena.it: S. 62 o.

VISTA POINT Verlag (Archiv), Rheinbreitbach: S. 6, 7 o., 7 u., 8 o., 8 u., 10 o., 23 u., 80

Wikipedia/RKE: S. 15 o.; (CC0 1.0)/Dega180: S. 9; (CC BY 3.0)/HubiB: S. 17; Ladinciastel: S. 59 u.; Mattana: S. 13 o., 18 o.; Wolfgang Sauber: S. 24; (CC BY-SA 3.0)/ Jacquesverlaeken: S. 48 o.; Llorenzi: S. 38; Lord Koxinga: S. 31 u.; Wolfgang Moroder: S. 61 u.

Schmutztitel (S. 1): Gelbe Trollblumen im Naturpark Puez-Geisler

Seite 2/3 (v. l. n. r.): Waltherplatz in Bozen, Apfelblüte im Vinschgau, Murmeltier im Nationalpark Stilfser Joch, Schloss Tirol, Begegnung beim Wandern, Berggasthof auf der Geisler Alm

Reihenkonzeption: Andreas Schulz & VISTA POINT-Team
Bildredaktion: Andrea Herfurth-Schindler
Lektorat: JB Bild | Text | Satz, Berlin; Kathrin Fäller
Layout und Herstellung: Sandra Penno-Vesper, Potsdam
Reproduktionen: Henning Rohm, Köln; Noch & Noch, Datteln
Kartographie: Huber Kartographie GmbH
Gesamtherstellung: VISTA POINT Verlag GmbH, Rheinbreitbach

ISBN 978-3-96141-745-2

An unsere Leserinnen und Leser!
Die Informationen dieses Buches wurden gewissenhaft recherchiert und von der Verlagsredaktion sorgfältig überprüft. Nichtsdestoweniger sind inhaltliche Fehler nicht immer zu vermeiden. Für diese übernimmt der Verlag keine Haftung. Für Ihre Korrekturen und Ergänzungsvorschläge sind wir dankbar.

VISTA POINT Verlag
Rolandsecker Weg 30 · 53619 Rheinbreitbach
Telefon: +49 (0)2224/7795-0 · Fax: +49 (0)2224/7795-100
info@vistapoint.de · www.vistapoint.de · www.facebook.de/vistapoint

SEILBAHN UNTERSTELL • NATURNS

Wandern am Naturnser Sonnenberg

www.gruener.it

www.unterstell.it

www.naturns.it

Zeichenerklärung

In diesem Reiseführer werden folgende Symbole verwendet:

Information

Museum, Galerie

Sehenswürdigkeit

Wanderung

Aussichtspunkt

Nationalpark, Naturschutzgebiet

Botanischer Garten

Aquarium

Hits für Kids

Fest, Theater, Oper

Restaurant

Café

Kneipe, Brauerei

Weingut, Enothek, Weinkeller

Bar, Nightlife

Jazzmusik

Livemusik

Einkaufen

Übernachtung, Herberge

Aquapark, Pool, Therme

Wellness

Sport, Aktivität

Radttour, Radverleih

Rafting, Kajak

Seilbahn

Die im Kapitel Bozen und unter den »Vista Points« beschriebenen Sehenswürdigkeiten sind auf der **separaten Karte** mit einem roten Stern (★) gekennzeichnet.

Bei den empfohlenen Restaurants werden Preiskategorien angegeben, die sich jeweils auf ein Hauptgericht ohne Getränke beziehen:

€ – untere Preislage (bis 15 Euro)
€€ – mittlere Preislage (15 bis 25 Euro)
€€€ – höhere Preislage (über 25 Euro)